中华先贤人物故事汇

孟子

白立超 著

中华书局

图书在版编目(CIP)数据

孟子/白立超著. —北京:中华书局,2023.2(2024.11重印)
(中华先贤人物故事汇)
ISBN 978-7-101-15761-1

Ⅰ.孟… Ⅱ.白… Ⅲ.孟子-生平事迹 Ⅳ.B222.52

中国版本图书馆 CIP 数据核字(2022)第 107619 号

书　　名	孟　子	
著　　者	白立超	
丛 书 名	中华先贤人物故事汇	
责任编辑	傅　可	
美术总监	张　旺	
封面绘画	冯　戈	
内文插图	高晶宇	
责任印制	管　斌	
出版发行	中华书局	
	(北京市丰台区太平桥西里 38 号　100073)	
	http://www.zhbc.com.cn	
	E-mail:zhbc@zhbc.com.cn	
印　　刷	三河市宏达印刷有限公司	
版　　次	2023 年 2 月第 1 版	
	2024 年 11 月第 4 次印刷	
规　　格	开本/787×1092 毫米　1/32	
	印张 5　插页 2　字数 50 千字	
印　　数	14001–16000 册	
国际书号	ISBN 978-7-101-15761-1	
定　　价	20.00 元	

出版说明

孔子周游列国，创立儒家学说；张骞出使西域，开辟丝绸之路；书圣王羲之，留下了曲水流觞的佳话；诗仙李白，写下了"举头望明月，低头思故乡"的名篇；王安石为纠正时弊，推行变法；李时珍广集博采，躬亲实践，编撰医药学名著《本草纲目》……

这些杰出的历史人物，有的是在中华民族文明进程中做出过突出贡献、对后世产生过巨大影响的思想家、政治家，有的是对中华优秀传统文化的传承传播发挥过重大作用的文学家、艺术家、科学家，有的是为国家安定统一、民族融合团结和中外文化交流做出过杰出贡献的军事家、外交家……他们为中华民族的繁荣发展做出了伟大的贡献，他们的行为事迹、风范品格为当世楷模，并垂范后世。

他们是中华民族的先贤人物。他们的思想、品德、事迹，是中华优秀传统文化的结晶；他们的故事，是对中华民族的禀赋、特点和气质最生动、最鲜活的阐释；他们的名字，在五千年中华文明史上最为光彩夺目；他们为五千年中华文明史书写了最为光辉灿烂的篇章。

为了解先贤，走近先贤，我们精心组织编写了这套《中华先贤人物故事汇》丛书，以翔实可靠的史料为依据，细腻动人的故事为载体，真实地呈现中华先贤人物的事迹、品格和精神风貌，彰显他们的贡献和功绩，激发人们对国家民族的热爱，对中华文明、中华优秀传统文化的崇敬。

开卷有益，期待这套丛书成为你的良师益友。

目 录

导 读 …………………………………… 1

孟母教子 …………………………………… 1

私淑孔子 ………………………………… 11

初仕邹国 ………………………………… 15

初出国门 ………………………………… 22

出仕宋国 ………………………………… 36

施仁于滕 ………………………………… 47

前往魏国 ………………………………… 64

再次入齐 ···························· 77

丧事连连 ···························· 97

齐国伐燕 ···························· 111

落叶归根 ···························· 121

传道、授业、解惑、著述二十年 ············· 130

人生谢幕 ···························· 141

孟子生平简表 ························ 146

导　读

　　孟子（约前372—前289），名轲，字子舆，战国时期邹国（今山东邹城市）人。战国中后期杰出的思想家、教育家、政治家，在儒家学派中的地位仅次于圣人孔子，后世尊称为"亚圣"。

　　孟子生活的时代距孔子去世有一百多年。生于邹鲁之地的孟子深受儒学熏陶，非常服膺孔子的人格和思想，私淑孔子，并受业于孔子之孙孔伋（字子思）的门人。孟子在继承和宣传孔子、子思思想主张的同时，进一步发展了儒家思想，并自成一派，成为战国时期儒家思想的代表人物。

　　当时天下大乱，兼并战争接连不断，孟子为实现救治天下的愿望，主张"性善"论、"仁政"

说，秉持"民贵君轻"等思想，以其雄辩的口才和"如欲平治天下，当今之世，舍我其谁"的自信与气势游说天下。孟子先后游说邹、齐、宋、滕、魏等诸侯国，试图推行自己的主张。在游说诸国时，孟子对君主的施政往往指责较多，但亦有引导和鼓励；在游说时遇到的与儒家主张相悖的一些思想家，孟子也是不遗余力地加以批判。在陈述自己的思想主张时，孟子喜欢用比喻或类比的方式，言辞犀利、大气磅礴、气势恢宏、思想深刻；在反驳他者的思想主张时，亦陈词尖锐，势不可挡。

孟子虽然对自己的思想主张非常自信，但是战国时期的统治者大多认为孟子的思想"迂远而阔于事情"，即不切实际、无法快速实现富国强兵的目的，大多对他仅仅礼遇之。因此，孟子虽然在外游说了几十年，但其政治主张并没有真正实现。孟子晚年被迫接受了这个现实，于是他回到家乡，专心致力于授徒教学，传授儒家思想。同时，他与万章、公孙丑等弟子编订《孟子》一书，这是我们今天了解孟子一生的主要活动和思想的核心文本。

《孟子》今存7篇，每篇分上、下卷，共14卷。宋代以后，《孟子》一书被列入儒家的《十三经》，又与《论语》《大学》《中庸》并称为"四书"，成为古代儒者士子的必读书，对中国文化影响深远。

孟母教子

一

公元前403年，周成烈王正式册命韩、赵、魏三家位列诸侯，战国时代就此揭开序幕。

在鲁国旁边有个邹国（今山东邹城一带），与其他很多小国一样，风雨飘摇，朝不保夕。此时，邹国的一位读书人忧心忡忡地走在乡间路上，有路人上前打招呼："公宜……"

这位读书人竟浑然不觉，只见路人提高音调喊道："公宜，又为何事陷入沉思？"

读书人这才回过神来，慌忙回礼，并连连赔礼说道："一些小事，一些小事。"路人笑笑便离开了。

这位读书人名叫孟激，他刚才想的可不是什么小事，他始终在思考着天下局势到底应该如何才能破局。齐国、秦国、楚国、燕国、韩国、赵国、魏国这七雄正在激烈厮杀，处于你死我活的争斗中，其他的一些小国在夹缝中只能勉强维持，随时面临着灭顶之灾，老百姓被裹挟其中，深受战争之苦。墨翟提倡兼爱非攻，信徒遍天下，但战争还是连年不断，从内心深处来说，他还是服膺孔子开创的以仁义为本的儒学。

孟激的先祖是鲁国公族庆父孟孙氏，历经几代，已经没落。他与这个时代的所有士人一样，希望通过自己的知识成就一番功业，经常在外游说君主，渴望实现自己的抱负。但时运不济，孟激并没有得到君主的赏识。

二

一日，稍显忧郁的他，低着头边走边想如何能既得到君主的赏识，又可实现自己的政治抱负。不知走了多久，他一抬头，看到了一位非常漂亮优雅的女子，他一下子就被吸引住了。辗转打听，得知此女子为仉氏。于是，他依礼前去提亲，仉氏得知是孟激提亲，心中欢喜，因为孟激在当地是少有的知书达理的读书人，品行也为乡里称道。仉氏父母对这门亲事也非常支持，很快孟激与仉氏喜结连理。

孟激非常幸运地娶到仉氏这样一位贤惠的妻子，十分欣喜，对其百般疼爱。夫妻恩爱有加，过着耕田、读书、织布这样简单而幸福的生活。不久，仉氏便怀有身孕，夫妻二人对即将到来的新生命都感到万分高兴。

周烈王四年（前372）的一天，仉氏已怀胎十月，临盆在即。这一天仉氏刚刚吃过饭，有些犯困，迷迷糊糊就睡着了。梦中她看到一个神人乘龙前来，停在了自家的屋顶上方，此时许多乡人看到五彩祥云在孟激家的上空环绕。忽然，神人向她走来，于是仉氏被惊醒了。这时，她感到一阵疼痛，她意识到孩子马上就要出生。孟激连忙拜托邻人去请附近的接生婆，接生婆前来，乡里其他一些妇人也过来帮忙。

房中仉氏正承受这生产之痛，房外孟激在门口来回踱步，焦急等待，又喜又怕。很快，房中传来了婴儿啼哭之声，随后有妇人出来报喜："恭喜恭喜啊，是位可爱的公子。"

孟激兴奋地攥紧拳头，半天合不上嘴。给孩子取什么名呢？孟激脑子飞快地想着，他希望孩子成为一个优秀的读书人，能够得到君主的赏识，实现平治天下的理想，于是取名为"轲"。过去只有富贵之人出门才能乘车，孟激如此取名暗含着对儿子的殷切期盼。

孟轲一天天长大，他天资聪颖，心地良善，父母对他非常宠爱。孟激偶尔带着他到自己的书房，刚刚学会走路的孟轲，摸摸这本书，扯扯那本书，嘴里咿咿呀呀地叫个不停。母亲仉氏更是为孟轲的成长倾注了自己全部的精力和爱意。

然而这样其乐融融的天伦之乐并没有持续多久。孟激作为一个有理想的士人，他觉得自己不能整天沉浸在老婆孩子热炕头的世界里，他一心要外出求仕，不得不忍痛离开爱妻与幼子。

孟激前往宋国，希望得到宋君的任用，但仍不成功。天有不测风云，一日，孟激突感不适，由于出门在外，没有得到很好的照顾，很快就去世了。而这一年，孟轲才三岁。

一日，孟轲出外玩耍回来，发现母亲已哭成了泪人。他懵懵懂懂地上前，拉一下母亲的衣角。孟母看到儿子回来了，虽然悲痛欲绝，但是她仍然强撑身体，按照礼制简陋地埋葬了孟激。孟轲虽然没有完全明白是怎么回事，仍然毕恭毕敬地按照丧礼的礼仪去做。孟轲看到母亲哭得非常伤心，自己也哇哇大哭起来。旁人看着这对孤儿寡母，也纷纷流下了眼泪。

三

孟激去世后，抚养和教育孟轲的重担就落在了孟母仉氏一个人的肩上。坚强的孟母并没有屈服于命运的不幸，她强忍悲痛，通过织布来养活母子二人。

孟母为了给儿子提供良好的成长环境，费尽了心思。他们曾经居住在一个公共墓地的旁边。孟轲经常能看到有人在那里修筑墓室，也能看到很多哭天抢地的送葬者从家门口经过。孟轲和其他一些孩子看到这些情景，感觉非常新奇，也争相模仿，并将这些送葬、埋人的过程作为他们经常玩耍的游戏，乐此不疲。孟母仉氏看到此情此景，叹息道："这里不适宜我的轲儿居住啊！"

于是仉氏又辗转搬到靠近街市的地方居住，孟轲不再玩那些墓间的游戏了。临近街市，他看到人来人往，熙熙攘攘的街上最有意思的事情就是有很多小生意人在那里大声叫卖、讨价还价。他又和附近的一些小孩模仿起来，学得有模有样，并以此为能事。仉氏看到后，摇摇头，边收拾东西边说："哎，这里也不是我的轲儿居住的地方！"但是要往哪里搬呢？经过上次搬迁以及对儿子行为的观察，仉氏深深懂得了周围环境对孩子成长的重要作用。她突然想起附近有一个著名的学宫，心里立刻就有了答案。

孟轲刚刚玩耍回来，正要给母亲讲他刚才如何讨价还价并取得成功的事情，看到母亲又在收拾东西，轻轻地问道："母亲，我们又要搬家了吗？"仉氏看到儿子回来了，笑着说："轲儿，我们要搬到一个更好的地方。"孟轲刚刚和这里的小伙伴玩熟了，虽然有些不舍，但还是非常孝顺地帮着母亲收拾东西准备搬家。

母子俩搬到了学宫旁边，院内琅琅的读书声很快就吸引了孟轲。他到门口张望，看到学子有的在演习相见之礼，进退揖让，动作优雅；有的在演习朝堂之礼，面色庄严，打躬作揖；有的在演习祭祀礼仪，表情肃穆，动作稳重。孟轲看到后也模仿这些礼仪。回到家中，孟轲有模有样地向仉氏演示了相见之礼。仉氏看到后，会心地笑了，摸摸儿子的头说道："这里才真正是我们轲儿的久居之地啊。"

孟轲在此地耳濡目染，受到了很好的教育。孟母仉氏也是尽心尽力，对他的教育毫不含糊。一天，孟轲在外玩耍，看见东家邻居杀猪。他好奇地问："母亲，东家为什么要杀猪呢？"母亲正在织布，随口说了一句："杀了猪要给你吃啊。"但是话刚刚说出口，孟母就意识到自己失言了，自责道："我一直就注重以身作则，不合礼法切割的肉坚决不吃，不合礼制的席子坚决不坐。而现在孩子长大了，已经有一定的判断能力了，我却欺骗他，这是在教孩子不重诚信啊。"虽然生活很拮据，孟母还是买了东家的一些猪肉给儿子吃。孟轲看到母亲拿回了猪肉，高兴地乱蹦乱跳。孟母洗干净猪肉后开始煮，肉香逐渐飘出，孟轲在旁边使劲地嗅着。孟母在一旁看着小孟轲，会心地笑了。母子俩美美地吃了一顿，虽然她知道因为这顿猪肉，她不得不熬夜织布，但是她认为这是非常值得的。

四

转眼间，孟轲到了上学的年纪，于是仉氏将他送往学宫读书。孟轲刚开始学习很是认真，但是久而久之，也有厌倦的时候。一次，孟轲玩性大发，偷偷逃出学宫，在外面玩了大半天，然后悄悄跑回家。仉氏看到孟轲满身泥土，又早早回家，立刻明白是怎么回事了。

仉氏故意问道："轲儿，最近学问可有长进？"

孟轲满不在乎地答道："差不多就可以了。"

此时正在织布的孟母非常生气地拿起剪刀，将正在织的布全部给剪断了，相当于好几天的劳动都前功尽弃了。孟轲看到母亲这个样子，着实吓了一大跳，连忙问道："母亲，您怎么了？"

仉氏非常严厉地说："轲儿，你学习半途而废，就像我现在将这些没有织好的布剪断一样，前功尽弃。真正的君子通过努力学习树立名声、扬名天下，多向有学问、有道德的人请教就能增长知识、提高修养，所以平时生活才能够安定平静，出外做事才能远离祸患。如今你本应以学习为立身之本，却要荒废学业，那你将来就难免要过蝇营狗苟的生活，并且根本无法避免不期而至的祸患，你的这种做法和我将织好的布全部剪断有何不同呢？做事总是半途而废，女人就会失去她们赖以生存的手段，男人就会懈怠他们的德行修养，如此一来，他们或者去做强盗小偷，或者沦为低贱之人。"

孟母的训导如醍醐灌顶一般，让孟轲意识到中途废学的后果是多么的严重。从此以后，孟轲再也不敢荒废光阴了，日日夜夜勤学不止，礼、乐、射、御、书、数，无所不通，为以后的深入学习奠定了非常坚实的基础。

在孟母的训导下，孟子发奋读书，在学问上一日千里。

私淑孔子

一

孔子是鲁国人，他周游列国，宣传自己的政治主张，在当时的影响力非常大。孔子弟子三千余人，具有卓著才能的贤人有几十人，活跃在当时诸国的政治舞台上。邹、鲁相距不远，文化相近，因此孟家所学也是儒学。孟母断杼对孟轲的警示，就是要以儒家的君子人格作为人生的修养目标。

孟激去世后，孟母以织布为生，孟轲专心学习，母子在那个乱世相依为命。转眼间，孟轲已经十五岁了，器宇轩昂，成了一个谦谦君子。

孟轲对孔子充满着敬意和崇拜，他一生的目标就是要向孔子学习。在孟轲看来，孔子是当之无愧的圣人。当然，此时孔子已经逝去一百多年了，孟轲当然无法得到孔子耳提面命的亲身教诲，所以他自称孔子的私淑弟子，希望自己能够像孔子一样伟大。

由于孔子的独子孔鲤早死，后来，孔子将他的嫡孙孔伋托付给弟子曾参。孔伋，字子思，在曾参的教育下，也成了一代大儒，尤其是子思开启了儒家的心性之学。孔子去世后，儒学也产生了一些分化，而在孟轲看来，子思的儒学才是真正的儒学，子思的学问和气节让他深为敬佩。

二

二十岁那年，在母亲的操持下，孟轲结婚了。一天，孟轲外出归来，得知妻子一个人在家，想要给她一个惊喜。他蹑手蹑脚地走进去，却见妻子叉开腿坐在地上，坐姿不雅。那时的人们非常讲究礼仪，要求坐有坐相，以示教养。孟轲深受儒学教诲，对礼仪就更为重视了，然而他此时看见妻子如此坐姿，心凉了半截，刚才的浓情蜜意早已烟消云散，他非常生气，扭头就去找母亲。

孟母正在织布，看到孟轲急匆匆前来，脸色非常难看，正要问怎么回事呢，孟轲说："母亲，我的妻子不修礼仪，我要立刻休了她。"

孟母感到有些惊讶和不解，连忙询问："怎么回事呢？"

"她竟然两腿岔开坐着，成何体统呢？"孟轲愤然说道。

孟母稍微明白了一些，忙问道："你是怎么知道的呢？"

"我亲眼所见。"孟轲答道。

孟轲把刚才的那一幕一五一十地告诉了母亲。这时，孟母非常严肃地告诉孟轲："这是你的不对，你没有依礼而行，并非你的妻子无礼。"

孟轲一怔，疑惑地望着母亲。

"按照礼仪，将要进门的时候，要开口询问谁在屋子里面；进入厅堂的时候，一定要大声说话，让里面的人有所准备；将要进入里屋的时候，眼睛一定要朝下看，不要抬头东张西望。这些礼仪的目的就是不能让别人没有准备的时间。现在，你偷偷摸摸地进里屋，这是你没有遵守礼仪，而不是你的妻子无礼。"

孟轲听完母亲的一番教诲，一方面为自己刚才的行为和言论深感羞愧，同时也对礼仪德行有了更深的体会。修德懂礼首先要约束自己，而不是先去指责他人。孟轲当然没有休妻，他深深为母亲的通达所折服。

此事过后，孟轲深感儒家礼仪博大精深，自己需要学习和领会的还有很多。于是，孟轲日夜勤学，寒暑不辍，终于成为一位学有所成的士人，在他三十岁左右的时候，身边已经有了一批弟子跟随他学习。

孟轲四十岁之前，主要研习儒家经典，他教学收徒，传播儒家的学说。随着他的学问日益精深，跟随他学习的弟子越来越多，一度多达数百人。学生们都非常恭敬地称他"孟子"。"子"是古代对有学问之人的尊称，可见此时孟轲已经学有所成了。孟子的学生中比较著名的有乐正子、公孙丑、万章、公都子等。

初仕邹国

一

儒学从来都不是书斋里的学问，而是主张积极入世，用自己所学的知识与主张，协助国君治理天下。孔子如此，孟子亦如此。孟子到了四十岁时，开始出仕。当然，首选的出仕目标还是自己的国家——邹国。

孟子刚刚出仕不久，就遭遇鲁国和邹国的一场战争，当时邹国大败，死伤惨重。而在战争中，邹国民众眼睁睁地看着他们的官长被杀死，却无人上前施救，这令邹穆公十分苦恼和愤怒。邹穆公就此事询问孟子："子舆先生，在这场战争中，浴血奋战的官吏有三十三人战死，我们的百姓竟然没有一个上前拼死相救的。现在战争结束了，我该如何处置这些百姓呢？杀吧，人太多了，法不责众；不杀吧，想想他们看着官长被敌人杀死而袖手旁观，实在令人憎恶。我想请问先生，我到底该怎么办呢？"

邹穆公的一番话，完全是站在君主的立场上来思考问题，这让孟子十分反感。他毫不客气地说道："想想在闹饥荒的时候，您的百姓，老弱病残之人饿死于山中，填满沟壑；年轻力壮者被迫四散而逃，有几千人。而那时候，您的仓库之中堆满了米谷，您的府库之内堆满了钱财，我们邹国的官吏们对待老百姓的苦难从来不闻不问，也没有向您报告实情，他们仍然营造出歌舞升平的样子来欺骗您。他们这是怠慢，是渎职，是残害百姓，百姓对他们自然是恨之入骨了。曾子曾经说过：'为政者一定要警惕、警惕、再警惕。你的所作所为最后都会反作用于你。'这是邹国官吏咎由自取啊！在这场战争中，老百姓袖手旁观不过是报复他们罢了。我希望您不要责怪老百姓了，更不要想着去处罚他们，只要您能够施行仁政，百姓自然就会亲近官吏，也愿意在危难之际为他们牺牲了。"

邹穆公中间几次想要打断孟子，但是出于礼节，他耐着性子听完孟子的一番宏论。他对孟子以民为本的思想根本不予理睬，更谈不上要施行仁政了。孟子看着邹穆公的神情，自然也觉得无趣，就不再深讲下去了。

孟子虽然有心在自己的祖国实现政治理想，但落花有意，流水无情，经过短暂的相处，孟子发现邹穆公根本不认可自己的政治主张。但是，孟子已是名声在外，当时有一些执政者对孟子还是比较认可的。离邹国不远有个任国，任国国君的弟弟季任非常欣赏孟子的学问和品行，但是由于他自己留守代理国政，无法亲自前往拜访，只得派人送来贵重的礼物，孟子非常恭敬地收下了。还有齐国的相国储子也送来了礼物与孟子结交，孟子也非常恭敬地收下了礼物。

二

战国时期是大争之世，思想多元，诸子学党都在激烈地对抗碰撞着。当时，孟子有个弟子叫屋庐连，是任国人。

有人问屋庐连："先生，您说'礼'和'食'哪个更重要呢？"

"当然是礼仪更重要！"屋庐连不假思索地说。

"那娶妻与礼仪哪个更重要呢？"那人继续追问道。

"当然还是礼仪更重要！"屋庐连斩钉截铁地回答。

"假如按照礼仪去谋食，得不到的话会饿死，不遵守礼仪反而能够获得食物，那请问先生是否一定要守礼？再说娶妻，如果按照新郎亲迎新妇的礼仪规范，无法娶到妻子，若是不遵礼仪，反而能够娶妻，那请问先生还一定要举行亲迎礼吗？"那人不依不饶地问道。

屋庐连顿时哑口无言，不知如何回答，他决定马上前往邹国向老师孟子请教。孟子听完了整件事后，笑着说道："这个问题有什么难以回答的呢？"

"我们先举几个例子吧。如果不度量底部的基准线，而仅仅去比较两者的顶端，那么把一寸长的小木块放到高处就可以高过一座小山；人们都说金子比羽毛重，难道这个意思是说仅仅三钱重的金子就比一大车的羽毛还要重吗？同理，拿'食''色'最重要的一面与礼仪中的一些细枝末节相比，那何止是'食''色'重要呢？你可以这样回答他：'如果只有扭断哥哥的胳膊、抢夺哥哥的粮食才能吃到食物，如果不这样就吃不到，那么你会去做吗？如果爬过邻家的墙头去强抢别家的女子，才能够娶到妻子，如果不这样做就得不到，那么你还会去做吗？'"

听到老师一针见血地指出此种论调的谬误，屋庐连豁然开朗，同时也被孟子的辩才所折服。

三

孟子的政治主张在当时很多人都有所耳闻，当然也有一些误解。有个叫曹交的士人前来向孟子请教："先生，听说您认为每个人都可以成为像尧、舜一样的圣人，有这回事吗？"

"当然。"孟子答道。

"我听闻周文王身高十尺，商汤身高九尺，而我自己身高九尺四寸，现在却只会吃吃喝喝，浪费生命。我要想成为尧、舜，要怎么做才可以呢？"曹交非常疑惑地问道。

"这有什么好问的呢？只要以他们为目标，竭尽全力去做就一定可以。如果说有人手无缚鸡之力，那他的确是一个没有力量的人。如果说有人能够举起三千斤，那他肯定是一个大力士。那么同样的道理，如果有人能够举起秦国大力士乌获所举的重量，那他就是乌获了。作为一个士人，难道担忧的是做不到吗？不是！只是找各种借口不去做而已。再比如说，礼让长辈，慢慢地走在长辈后面，这就是悌德；急急忙忙抢在长辈的前面，毫无礼让之心，这就是不悌。礼让慢走，哪个人做不到呢？不过是不去做罢了。尧舜之道，不过是孝悌之德的扩充而已。你穿着尧曾经穿过的衣服，说着尧曾经说过的有德之言，做着尧曾经做过的善事，那么你就是尧。如果你穿着夏桀曾经穿过的衣服，说着夏桀曾经说过的荒唐话，做着夏桀曾经做过的种种恶事，那就是夏桀。"

曹交被孟子的思想折服，他当即对孟子说："我现在就去拜见邹国的君主，向他借个容身之地，希望能够留在先生门下，以师礼侍奉先生。"

孟子笑道："天下的大道就像笔直的大路一样，难道有那么难懂吗？只是担心人们不去用心寻求。我劝你还是回去自己好好寻找，老师多着呢，又何止我一人！"

孟子虽然身在小小的邹国，但有很多人慕名前来拜访，然而邹穆公始终没有任用孟子。于是孟子在他四十四岁那年，也就是公元前329年，决定仿效孔子周游列国的壮举，带着一些弟子开始游仕各国。

初出国门

一

　　齐国此时正是齐威王执政时期，齐威王在位期间，在齐国都城临淄设稷下学宫，网罗天下人才。齐威王重用邹忌、田忌、孙膑、淳于髡等人，先后在桂陵之战、马陵之战中大败强大的魏国，在孟子前来之时，齐国的国势如日中天，已经是战国七雄中最强盛的国家。公元前334年，齐威王与魏惠王在徐州相会，互相称王，这就是著名的"徐州相王"。

　　孟子志向远大，他首选齐国，想在这里施展自己的才华与抱负。孟子依依不舍地辞别母亲，离开

孟子与齐威王交谈后，明白了齐威王是想要成就王霸之业。

邹国，带着弟子前往齐国。

来到齐国后，孟子看到了齐国政坛景象，明白了齐王想要的是王霸之业，于是在见到齐威王后，孟子直接对他说道："大王对仁政不感兴趣，在我看来算不上明智啊。不过，子舆认为大王的不明智不足为怪。即使是全天下最容易生长的植物，如果一曝十寒的话，那也没法正常生长啊。我和大王见面的次数太少了，只要我一离开，那些奸邪之辈就会卷土重来，大王刚刚生长出来的一点点善心、仁政的萌芽就被冻死了。再比如以下棋这种小技艺来说，如果不专心致志去学习，也肯定学不好。弈秋是天下最好的棋手，如果让弈秋同时教两个人下棋，其中一个人非常专心，认真地听弈秋的讲解；而另外一人心猿意马、三心二意，看似两个人一起学习，实际上有天壤之别，根本无法相比。这难道是智力不足吗？显然不是。子舆还是希望大王对待仁政要有恒心，只要大王专心致志对待仁政，一定会称王天下的。"

孟子的一番论述并没有打动齐威王，他也就是听听而已，虽连连称好，但是并未有任何重用的意思。不过既然来了，也应不虚此行，孟子带着弟子前往齐国的学术中心稷下学宫。当时稷下学宫名气最大的学者就是著名思想家告子。告子已经年近八十岁了，资格老，在当时天下思想界影响很大。但是孟子非常反对他对人性的看法，此去一定要好好辩论一番。

二

孟子和弟子一行抵达稷下学宫，高大的建筑、素雅的布置，威严又不媚俗，孟子深深为之赞叹。经过门人通报，孟子终于得见告子。告子虽然年纪比较大，但是精神矍铄、身板硬朗。孟子恭恭敬敬地以礼拜见，告子还礼。告子看到眼前这个不过四十刚出头的年轻人就是声名远播的孟子，不觉心生感慨，连连说道："后生可畏，后生可畏啊！"

"不敢不敢，先生抬爱！"孟子连连恭敬还礼。

告子试探性地问："子舆先生前来，不知所为何事？"

"想向先生请教有关人性、仁义的问题。"孟子答道。

"我的想法想必子舆也有所耳闻，我不妨再说说。在我看来，人性就好比是枝条柔韧的杞柳，仁义呢，就像我们使用的杯子和盘子。用人性来铸就仁义之德，好比是用杞柳做成杯子和盘子一样。不知我的这种说法，子舆有何异议吗？"告子边说边指向堂中的杯盘。

孟子是有备而来，他拿起身边的杯子，不疾不徐地说道："那么请问先生，您是顺着杞柳的纹理来制作这样的杯子和盘子呢，还是去戕逆着杞柳的纹理来制作呢？"

孟子边说边看着告子，稍微停顿了下，他看到告子并没有接话的意思，又接着说："如果先生认为应该是戕逆杞柳的纹理去制作，那难道言下之意就是要残害人的本性去成就仁义之德吗？这种言论其实是非常危险的，先生可能没有意识到，导致世人损害仁义之德的，一定就是它。"

告子被孟子如此凌厉的辩才震惊了，一时竟不知如何作答。他似乎也意识到这个比喻有点问题，但是一时间又想不出如何回应，只得强行切入人性善恶的话题。"人性就像湍流的河水，如果东方有缺口，那水肯定就往东面流，如果西方有缺口，那水也必然向西流。那么就此看来，人性也没有善与不善，就像水不必然东流、西流一样。"

孟子微笑着说道："我想请问先生，水的流向的确难以必然分东、西，但这是水的本性吗？难道水没有上、下之分吗？避高趋下才是水真正的本性。在子舆看来，人性之善就像水之本性一样。当然，我们用力拍打，水就会飞溅起来，甚至可以高过我们的额头；如果我们以人力去筑坝，那也可以将水逼回山顶上。然而，这是水的避高趋下的本性吗？这不过是外在的形势所迫。所以，人也会干一些不好的事情，那也是由于外在形势所迫，才改变了他的良善本性。"

孟子深知此番答复并没有完全驳倒告子对人性的看法，不过是各持己见罢了。告子当然也明白，但是他觉得眼前这个年轻人的确有他自己的一套看法，令人刮目相看。告子虽然动了惜才之心，但是仍然坚持自己"仁内义外"的观点，他的这一看法早已受到当时学术界主流认可。他清了清嗓子，一字一顿地说道："饮食、男女之事，这才关乎人的本性。仁，的确是内在的、发自内心的；义，却是外在的。"

孟子问道："那先生所言的仁内义外到底是什么意思呢？"

"一个人年长，我尊敬他，这尊敬之情并非发自我内心，也不是我本有的念头；这就像一个白色的东西放在那里，我认为它的颜色是白的，不过是因为它的外表是白的。所以我才说义是外在的。"告子说道。

"先生说白，那我们就继续拿白来说。白马的白和人的皮肤之白的确没有什么不同，但是我不知道先生对老马的尊敬之情，与对老人的尊敬之情，有没有不同？那么您说这种义，是存在于长者，还是存在于尊敬长者的人？我想，这当然是来自尊敬长者的人的本心。"孟子质疑道。

告子对孟子将比喻随意与禽兽关联表示不满，他继续从人伦方面来说："我爱我的弟弟，秦国人的弟弟我不爱，因为这是我遵从自己的内心，所以我说仁——是根植于人的内心的。尊敬楚国的老人，同时也尊敬我国的老人，是因为他们是长者，我尊敬他们是因为生活逐渐让我感同身受。所以说义——是外在的。"

孟子接着说："爱吃秦国的烤肉，和爱吃本国的烤肉没有什么不同。我想问问先生，难道喜欢吃烤肉这种发自内心的想法也是外在的吗？那岂不和先生最开始说的，饮食、男女之事是人的本性的说法自相矛盾了吗？"

告子没有想到孟子会突然回到他最初的提法上，顿时哑口无言，尴尬地笑了笑。孟子也看到告子年纪大了，不能长时间辩论，于是就起身作揖告别。告子望着他的背影，不断地点头。

孟子和告子的辩论立刻让稷下学宫炸开了锅。虽然两人的辩论大体在伯仲之间，难分高下，但是毕竟年轻的孟子可以和告子打个平手，也是非常不易的。再加上告子逢人便夸孟子的才能，很快，孟子的名气就更大了。

三

当时，曾率军大败强秦的齐国将军匡章也慕名前来与孟子交游，孟子非常高兴。两人一见如故，敞开心扉，对一些问题谈得非常深入。他们谈话间提到了齐国的大贵族陈仲子，陈仲子对当时的社会状况非常不满，远离政治旋涡，不愿与当政者同流合污，齐国人非常推崇他。

匡章就陈仲子的行为向孟子发问："先生，陈仲子难道不是一个洁身自好的廉洁之人吗？他居住在齐国的於陵，三天没有吃的，饿得头晕眼花，幸好井边的李子树上有一个早已被虫子吃了大半的李子，他气若游丝地缓缓爬过去，一把摘下来，狼吞虎咽地吃完了，这才勉强恢复知觉。"

孟子在来齐国之前对陈仲子的事迹就有所耳闻，也非常敬佩他，但还是不赞同他的这些做法。孟子开诚布公地说道："在我所了解的齐国士人中，当然首推陈仲子，我要为他竖起大拇指。但是陈仲子又怎能称得上洁身自好呢？如果我们要向天下推广他这种德行，那么我们都只能变成蚯蚓。只有蚯蚓才能做到上食埃土，下饮黄泉，没有任何外在的需求。想想他住的房子，你能确定修筑之人也有良好的德行吗？他吃的食物，你知道种植之人的品德吗？我想这些连他自己都不知道。"

匡章连忙打断孟子，解释道："这些的确不知道，但是这又有什么不妥的呢？他自力更生，自己编织草鞋，妻子亲自搓麻织布，他们的衣食住行所需都是通过交换得来的，没有什么问题呀！"

孟子摆摆手示意，表示知道匡章要说什么了。孟子说道："陈仲子本来是齐国的宗室贵族，他的哥哥叫陈戴，对吧？"

匡章点点头。孟子接着说："陈戴在他的食邑盖（gě）有几万石的粮食。但是陈仲子认为他哥哥的这些俸禄是不义之食，坚持不吃；认为他哥哥住的房子是不义之室，坚持不住。于是他离开家，远离挂念他的母亲，住在於陵那个地方。有一天他回家看望母亲，正好有人送给他的哥哥一只大鹅，只见那只鹅活蹦乱跳的。陈仲子频频皱眉，一脸厌恶地说道：'要这种嘎嘎乱叫的东西干什么呢？'摇摇头就走开了。当然，母亲永远都会疼爱自己的孩子，看到陈仲子在外经常食不果腹，吃了上顿没下顿，面黄肌瘦的样子，于是她就将那只鹅给炖了。母亲端上来香喷喷的鹅肉，陈仲子和母亲正吃得高兴，陈戴突然回来了，顺口说了一句：'这就是那只大鹅的肉啊。'陈仲子听了才知道这原来是别人送给哥哥的那只鹅，连忙跑出去将刚刚吃下去的鹅肉全都吐了出来。母亲看着眼前的情景，只能默默地流泪。我们想想，陈仲子的这种行为能够推广吗？如果我们都像陈仲子那样，就只能变成蚯蚓才能守住自己的操守了。这种将德行引向极端，或者仅仅想着守着自己的操守，而丝毫没有社会责任感、没有为天下人做事的气度，真的值得我们称道吗？"

匡章听了孟子一席话，不仅赞赏他的才气，而且钦佩他那种兼济天下的气魄。两人的友谊很快升温，经常会面交游。当时匡章在齐国的名声很不好，主要是因为匡章的父亲怒杀了匡章的母亲，并且草草地埋在了马厩中。匡章不想忤逆父亲的意愿，所以一直没有迁葬母亲。当然，匡章也曾经向父亲建议迁葬，但是被他的父亲断然拒绝，甚至导致父子失和。匡章里外不讨好，也因此背上了不孝的骂名。

四

孟子的弟子公都子看到老师与匡章交往甚密，因此就善意地提醒："老师，匡章这个人，齐国人都说他不孝，先生却与他交游，而且还对他礼敬有加，弟子实在有些不明白，想请问先生到底是什么原因？"

孟子让公都子坐下，语重心长地对他说："在这个社会上，一般认为不孝的行为有五种：四体不勤、懒惰成性，无法养活自己的父母，这是一不孝；生活散漫，喜欢赌博、喝酒，不管父母的死活，这是二不孝；贪恋财物，只顾自己的妻子和儿女，对父母的生活不闻不问，这是三不孝；贪恋美色，放纵于声色犬马之中，恶名远扬，让父母因此而蒙羞，这是四不孝；好勇斗狠，连累自己的父母遭殃，这是五不孝。"

公都子连连点头，认为孟子总结得非常好。孟

孟子向弟子阐明了自己与匡章交游的道理。

子接着说道："那你想想，章子和哪一种不孝的行为沾边呢？他的不幸是因为父母的原因造成的，他无法迁葬母亲是因为他不能忤逆父亲的意志，他力劝父亲迁葬又导致父子失和。匡章本人又有什么过错呢？"

公都子非常赞同孟子对匡章的评价，同时被先生敢于坚持己见，不人云亦云、随波逐流的人格所折服。

孟子在齐国仅仅待了不到两年的时间，虽然他和齐国的重臣、名士多有交往，但是他深觉自己的政治主张肯定不会得到齐威王的重视，就重新踏上了旅程。天下之大，总能找到认同他主张的君主吧。

出仕宋国

一

就在孟子游说齐国之时，公元前329年，宋国的政局出现了动荡。宋国国君之弟子偃发兵袭击了他的哥哥宋剔成君，宋剔成君逃亡齐国，子偃自立为王。次年，宋王偃便向天下宣布要推行仁政。孟子在齐国听说这个消息后，非常激动，带着弟子马不停蹄地赶到宋国。孟子刚刚踏进宋国的边境，他的眼泪就掉下来了，这正是父亲曾经想要实现政治抱负、最终魂落他乡之地啊。孟子想着自己终于有可能在这片土地上有所作为，激动、欣慰之情油然而生。

孟子一行抵达宋国后，宋国大夫戴不胜前来迎接孟子。

"子舆先生，久仰大名，今日得见，深感荣幸啊。"戴不胜远远地向孟子行相见礼。

孟子也连连回礼，并说道："先生谬赞，都是虚名而已。"

戴不胜安顿孟子一行入住后，盛情款待孟子。一番寒暄后，两人在馆舍中就当时宋国的政治形势展开讨论。宋王偃刚刚即位，虽然展示出想要推行仁政的意愿，但是事实上怎样，戴不胜心中仍然不踏实。作为臣子，他当然希望自己的国君能够推行善政，使国家强大。

戴不胜问孟子："先生，我想让大王做一个好君主，到底该怎么办呢？"

孟子胸有成竹地说："您想让大王向善，做一个好君主，其实并没有那么难。举个例子说吧，如果现在有一位楚国的大夫想让他的儿子学习齐国方言，那么，他是请齐国人去教呢？还是请一个会讲齐国方言的楚国人去教呢？"

戴不胜脱口而出："那肯定是请齐国人啊！"

孟子点点头，继续说道："是啊，这是我们大家都懂的道理。但是您有没有想过，如果一个齐国人教他，周围却有很多楚国人吵闹喧哗，耳边充斥着楚国话。即使每天逼着他去练习齐国方言，那效果也不会好，甚至根本学不会，因为没有那个语言环境啊。最好的办法就是把他带到齐国都城临淄的闹市上，那他肯定能无师自通。到那时候，即使你逼他说楚国话，可能他一时半会儿也改不了口了，因为没有讲楚国话的语境了。是不是这个道理？"

戴不胜非常同意，但是他还是有些疑惑，这和他的问题到底有什么关系啊？正想开口问呢，只见孟子笑了笑，稍微摆摆手接着说："您的疑惑我明白，看似风马牛不相及的事情，但道理是相通的。关键就在于能否营造一个合适的环境。您之前不是给我提起过宋国有个薛居州是个贤能的善士，让他住到大王的宫中，去为大王营造一个好的环境，去影响大王和大王身边的人。试想一下，如果大王王宫中的人不论长幼尊卑，都是像薛居州那样的人，那么大王即使想干坏事，也没有人和他一起去干啊。如果王宫中都是一些奸佞小人，那大王即使想去干点好事，又有谁能配合呢？宋国仅仅一个薛居州，贤人还是太少了，又能改变大王多少呢？"

戴不胜听完后，略有所思，道理的确如此，社会之大，人之品性良莠不齐，奸佞小人无处不在，防不胜防啊。

此时天色已晚，戴不胜起身告辞，孟子送别了他。

二

孟子回来后，发现弟子万章若有所思的样子，主动问道："万章，你在想什么？"

万章看到先生主动问自己，也就将一直存在于心底的疑问说了出来："先生，当今天下放眼望去，宋国只是一个小国，又身处中原四面受敌之地，如果贸然实施仁政，引发齐国、楚国这样的大国的警觉，万一起兵前来攻打，那该如何应对呢？"

孟子看着万章，和蔼地笑了笑。他觉得这个问题可能不仅万章有疑问，其他人应该也有，所以他决定好好地解释一下。孟子缓缓地说道："我们从前代圣王来看。过去商汤定都亳，和葛国相邻。葛国的君主葛伯荒淫无道，从来不祭祀自己的祖先，这在当时是非常大逆不道的事情。于是，商汤就派使者前去询问：'为什么不祭祀祖先呢？'葛伯随便敷衍了一句：'我们没有祭祀用的牛羊啊！'商汤就派人送去了用于祭祀的牛羊，谁知道葛伯竟然把这些牛羊给吃光了。商汤又派使者前去责问：'为什么还不祭祀呢？'葛伯竟然大言不惭地说：'还缺祭祀用的谷物。'商汤就动员亳地的一些青壮劳力前去给他们种地，老人和小孩负责给种地的人送饭。这时，恬不知耻的葛伯竟然派人前去抢劫那些送饭的老弱之辈，谁敢反抗就立刻杀掉，这些手无寸铁的民众大多只得乖乖就范了。一次，一个小孩带着饭菜酒肉前去，结果碰到了这帮人，小孩不知道这群人有多么灭绝人性，当然不给。葛伯眼睛都不眨，杀了这个无辜的孩子，抢走了饭菜。葛伯杀了这个孩子，显然激起了众怒。商汤看到葛伯连一个少不更事的小孩子也不放过，忍无可忍，怒而兴师，率军前去征讨。当时天下舆论都支持商汤的讨伐：'商汤并不是想贪图财富，他是为了给普通老百姓报仇啊。'商汤从葛国开始，讨伐那些欺压百姓的恶君，难逢对手，仅仅出征十一次，天下皆服。这时就出现了罕见的一幕，商汤东征，西方的夷人就抱怨；商汤南征，北方的狄人就抱怨，他们众口一词：'为什么要把我们放到后面，不早点让我们脱离这水深火热的日子呢？'老百姓盼望商汤大军前来，就像久旱盼甘霖一样。商汤大军所到之处，秋毫无犯，老百姓的生活一切照旧，赶集的人络绎不绝，农民照常下地干活。商汤杀死那些暴君，惩治帮凶，同时安抚民众。商汤的到来就像及时雨一样，民众非常欣喜。商汤的这段历史你应该熟悉吧？"

孟子望向听得入神的万章，万章点头示意。孟子意犹未尽，接着讲："还有周初的历史，也是一样的。商纣暴虐天下，重刑治国，发明残忍的炮烙之刑来惩治不服从他的人，百姓实在是没有生路了。他们相互间就传言：'等我们的君主前来解救我们，那个时候我们就不再受罚了。'这时，他们听说周武王征讨商纣的帮凶攸国，很快也传开了：'攸国不臣服我们的君主周武王，武王东征，安抚那里的百姓。他们带着贵重的礼物前来迎接，希望能见到武王，当面称臣于伟大的周国，并以此为荣。'攸国的官吏以布帛为礼前来迎接周的官吏，攸国的老百姓也带着粮食、提着美酒前来迎接周国的百姓。那就是因为周武王把这些人从水深火热中拯救出来了，周武王杀的不过是欺压百姓的独夫而已。当时，周武王誓师时对大军说道：'我们要继续发扬我们威武之气，一口气打到商的国土，杀掉残暴的君主，让天下正义得到伸张，那我们会比商汤更加光荣。'"

孟子接着说道："我所秉持的仁政方略，如果没有君主愿意实行我们就不说了，如果当今天下有哪个君主愿意实行仁政，那商汤、周武王的情形将会历史重演，全天下的人都会翘首以待，盼望他带着仁义之师前来，拥护他做自己的君主。所以，如果宋国实行仁政，那齐国、楚国再强大，又有什么好怕的呢？"

孟子慷慨激昂的陈词，可见他对仁政的自信，可惜这一切并没有在宋国兑现。很快，孟子得到了宋王偃的召见。孟子通过与宋王偃的短暂接触，发现宋王偃宣称推行仁政不过是个幌子而已，根本没有任何实际行动。孟子非常失望，也非常无奈，他的希望再次破灭了。

三

当时还是滕国世子的姬宏，接受父亲滕定公的命令出使楚国，途经宋国时，听说孟子在此地，于是专门前来拜访，讨论国家治理大事。孟子给他讲了人性善的道理，言谈中时刻以尧、舜这样的圣人为标准来衡量天下治理之道。姬宏年富力强，深深地被孟子的一番言论打动，尤其欣赏孟子的性善思想与仁政方略，本想深入交谈，但是因为有国务在身，只得向孟子辞行。

以姬宏为首的滕国使团出使完楚国后，风尘仆仆地赶回宋国。姬宏一路上脑子里不断盘旋的就是孟子给他讲的仁政的宏伟蓝图，憧憬着能够以仁政平治天下。但心中仍有疑问，滕国在战国中期的时局中显得那么微不足道，在大国的夹缝中生存，他还是信心不足。到了宋国境内，他就直奔孟子的住所。

姬宏恭恭敬敬地向孟子行礼后，迫不及待地问道："先生，您的性善说与仁政方略我非常赞同，但是滕国这样一个小国，能实现吗？"

孟子略有所思，很有底气地说道："世子您是怀疑我给您说的话吗？世间的道理都是相通的，我给世子讲几个真实的故事吧。齐国的勇士成覸（jiàn）曾经对齐景公说：'您是大丈夫，我也是大丈夫，我又有什么理由心怀畏惧呢？'孔子的弟子颜渊说过：'舜是什么样的人，我就是什么样的人，不仅如此，全天下想要有所作为的人都应该像舜一样！'鲁国的贤人公明仪曾说过：'周文王是我的老师，周公难道会欺骗我吗？'世子好好想想，商汤七十里之地，文王百里之地，他们都能够最终称王天下。如今滕国方圆五十里地，肯定也可以治理成一个富强的国家，您一定要有信心。"

孟子讲到最后，姬宏再次燃起了希望，目光

也更加坚定，他郑重地对孟子说："先生的仁政方略，若有机会的话，我一定要让它在滕国的大地上变成现实，让天下侧目！"

孟子看着滕国世子如此坚毅，终于看到了自己的思想之花有结成果实的希望了，不禁感到由衷的欣慰。此时他在宋国还是处处碰壁，他兴致勃勃地向宋王偃建议的什一税、免征关市之税等利国利民的措施，宋王偃口头答应得挺好，但实际上没有推行任何一项。孟子抱着最后的希望前去询问宋国的大夫戴盈之，然而此事最终让孟子下定决心离开宋国。

见面之后戴盈之毫无诚意地搪塞："推行什一税，免除国内关卡和市场的征税，现在还做不到，能不能慢慢来，先减轻一点，等到明年再实行，子舆先生您看怎样？"

孟子看着他的神情，听着他那说话的语气，把自己当作三岁小孩来骗，心中不住地失望，愤愤地说道："假如有一个人每天都顺手偷走邻家一只鸡，这时有人告诉他：'你这不是君子之道啊，得赶快停止啊。'那人却毫无羞耻感地说道：'那以后就少偷点，就每月偷一只吧，等到明年我就不偷了。'你觉得这样合适吗？明明知道了政策不符合道义，那就应该立刻停止，为什么非要等到明年呢？简直不可思议，荒唐至极！"

孟子说完，拂袖而去。他刚来宋国时的那种豪情万丈早已烟消云散，冷冰冰的现实让他心灰意冷。回到馆舍，他一言不发，和弟子一起收拾行李，很快就离开了宋国。这个让他的父亲魂断于此、让他的理想折戟沉沙之处，孟子终生再也没有踏上这片土地。

在外碰壁的孟子，此时最想回到自己的家乡，回到他朝思暮想的母亲身边，回到他魂牵梦萦的妻子身边。陪陪母亲，尽一下儿子的孝心，是他此时最想做的。公元前325年，孟子回到了邹国，暂时远离了喧嚣的政治舞台。

施仁于滕

一

　　孟母得知儿子回来，喜出望外。她和儿媳妇算着日子，就在孟子将要回来的那几天，孟母有事没事就往村口跑，朝远处望一望。

　　孟子一行终于回到了邹国。当孟子快要抵达村口时，远远地看见一个熟悉的身影正在那里张望，正是母亲。孟子赶忙小跑过去，边跑边喊："母亲，母亲，我回来了。"

　　这时孟母也听见了儿子的声音，激动不已，颤悠悠地往前走。孟子上前抓住母亲的手，端详着母亲，只见母亲不断地说："回来就好，回来就好。"

孟子终于回到家，见到了日思夜想的母亲与妻子。

此刻多种情绪交织在一起，孟子早已泪盈满眶。孟子拉着母亲的手，慢慢回家。他看着周围熟悉的环境，想着自己为了理想背井离乡，离开母亲，此刻却是一无所成，不禁感慨万千。此刻，妻子已经在家门口等着他们母子。一家人终于可以团团圆圆地坐在一起，拉拉家常，吃一顿简单的饭。孟子回到邹国，和母亲、妻子过着简单的生活。

二

这样安静的日子过了没多久，滕国的国君滕定公去世，世子姬宏即将主持国政，孟子真正出仕的机会来了。

滕国此时举国陷入了一片哀思之中。世子强忍着悲痛，对自己的老师然友说道："先生，我此前在宋国和孟子有过几次深入交谈，对我触动很大，难以忘怀。现在老天降灾难于我们滕国，国君不幸去世，我想请先生前往邹国一趟，请教孟子办理丧事的细节，看子舆先生有什么建议，然后我们再具体操办。"

滕国距离邹国并不远，很快然友一行人就到了孟子家。消息很快传来，孟子清楚了滕国国内的情况，也得知世子派使者前来，早早出门迎接。孟子对滕定公的去世表达了自己的哀思，然友有使命在身，所以也不多寒暄，直接向孟子请教："子舆先生，世子求教先生，滕国的国丧到底如何办理才最合适呢？"

孟子回答："世子此举的确是善行。父母的丧事，本来就应该竭尽全力去办理。先贤曾子曾经就说过：'父母在世，以礼侍奉他们；去世了，也应该以礼安葬，以礼祭祀，这才是真正的孝啊。'诸侯的具体礼仪我的确没有学过，但是也有所耳闻。就大处来说，三年丧期，孝子穿着粗布麻衣简单缝制的孝服，喝着简单的稀饭，以此来表达对亲人的哀思。从天子到普通老百姓，夏、商、周三代都是如此。"

"我一定将子舆先生的建议带回给世子。"说完，然友连忙辞谢，马不停蹄地赶回滕国复命。世子打心里服膺孟子，所以对孟子的建议言听计从。于是，世子下令全国实行三年之丧。这时，滕国的宗室百官都不同意了，认为根本没有这个必要，于是他们开始对世子施加压力，向他传话："我们的宗主国鲁国一向以礼仪著称天下，鲁国的历代国君也从来没有实行过三年之丧，而且我们的历代君主也都没有实行过，现在到了你这里却要改变，这是万万不行的。再说了，我们滕国记录国家大事的典籍上也明白地写着：'丧礼祭祀，必须一律遵从祖宗之法。'这是有道理的。"

刚刚主持国政、完全没有政治经验的世子一时乱了手脚，不知如何是好。他心中的第一反应是赶紧向孟子请教。于是再次找到然友，满脸愁容地说道："老师，实在惭愧，过去没有好好学习礼仪，天天就知道骑马射箭、舞刀弄剑。如今，宗室亲贵、各级官吏都对我不满，可能不能实行三年之丧了，我也无法尽心尽力去置办先君的丧礼了。"

世子非常沮丧地说着，然友也颇感无奈。解铃还须系铃人，然友提醒："要不我们再去问问子舆先生？"

世子顿感眼前一亮，忙说："对呀！那就劳烦老师您再替我跑一趟邹国，问问子舆先生怎样应对眼前的局面。"

三

然友领命，立刻出发赶往邹国。见到孟子后，然友原原本本地告诉了孟子世子推行三年之丧在滕国国内遭遇的巨大阻力和压力。孟子深感推行善政的不易，也为此时滕国世子的处境担忧。但是孟子相信，善与不善之间的较量，关键还在于世子是否能够坚持。

他非常坚定地告诉然友："先生，您回去告诉世子，这件事是不能求助于其他人的，要坚持自己内心正确的选择。孔子曾经说过：'国君去世了，太子要将所有的行政事务交给总理百官的冢宰来处理，而自己每天仅仅喝点稀粥，以墨涂面，一到先君的灵位处便伤心欲绝，泪流满面。心都是肉长的，所有的大小官吏看到此情此景，没有哪一个人不会被这样哀伤的氛围所感染，关键是太子自己要带头用心去做这件事。'在上位的人喜欢什么，在下位的人肯定会效仿。君子的德行就像风一样，老百姓的德行就像小草一样，一阵风吹过，草一定会随风而动。还要看太子在这件事上的表现了。"

然友在滕国政坛也有多年的经历了，深以为然，不断点头表示赞同。于是，他辞别孟子，赶回邹国，将孟子的话告诉了世子。姬宏听完后，坚定地说："子舆先生说得太好了，的确取决于我的态度和行为。"

于是，世子将滕国大小政务交给冢宰，自己待在为父守孝的丧庐中，这一待就是五个月，从来没有过问滕国政务。世子此举让滕国上上下下着实震撼，被世子的孝心深深感动了，他们对世子三年之丧的主张表示认可、支持，纷纷称道世子知礼。到了举行葬礼的日子，四方百姓都前来，世子戚容满面，哭声撕心裂肺，丧礼庄重悲情，丧乐令人叹息，在场的所有人都为之动容，流下了眼泪。前来吊丧的人都对世子的坚持表示肯定。

世子此举得到了滕国上下的支持，他也迅速在滕国政治中站稳了脚跟。很快世子即位，这就是滕文公。滕文公也由此更加钦佩孟子，对孟子的学说也是深信不疑。当然，孟子远在邹国，协助滕文公处理政务还是有诸多不便。滕文公即位后，第一件事就是邀请孟子前来滕国，推行仁政。

四

孟子虽然难舍母亲与妻子，但是看到自己梦寐以求的政治抱负很快会得以实现，孟子还是稍显犹豫，他在屋里来回踱步。正当他一筹莫展的时候，孟母出现了。只见孟母上前非常怜惜地看着自己的儿子，说道："儿啊，大丈夫当胸怀天下，以拯救苍生困难为己任，当扬名天下，立万世之功。现在有机会摆在面前，为什么愁眉苦脸？"

"母亲，……"孟子正想解释。

"你不用解释了，赶紧收拾行李去吧。"只见孟母轻拍下孟子的胳膊，示意孟子也不要多解释了。

孟子当然明白母亲的心思，点点头。这时，孟子听见了轻轻的脚步声，他一抬头，看见妻子已经把他的行李收拾好了。孟子思绪万千，他此刻难以用任何语言来表达对眼前这两个女人的愧疚。

孟子接过妻子手中的行李，向母亲行跪拜之礼，再一次离开故乡。妻子看着丈夫远去，早已泪流满面。当她转过头看母亲的时候，孟母也已老泪纵横。她们相互搀扶回到家中。理想从来都是要付出代价的。

五

孟子抵达滕国，滕文公举行了隆重的欢迎礼仪。滕定公丧礼结束后，滕国上下无人不知孟子大名。欢迎仪式上，人山人海，滕文公激动地抓着孟子的手，滕国民众以最大的热情欢迎孟子的到来。孟子安顿好一切后，立刻去拜见滕文公。

滕文公和近臣早已在宫中焦急地等待着。

孟子非常郑重地说道："自古以来，民众的事情没有小事，民众的事情也必须要当下去办，不能有任何拖延。老百姓的特点是什么呢？"

滕文公和近臣们正准备洗耳恭听呢，结果孟子这样一问，大家都懵了。孟子看到这个情景笑出了声，顿时大家都笑了，气氛一下子轻松了很多。

孟子接着说："百姓有了固定的产业，民心才会踏实，如果没有固定的产业，那遇事肯定就会没有底线了。而人一旦没有了底线，社会就会动荡。到民众犯罪的时候，官吏再把他们抓起来，用重刑来处置他们，这简直就是给民众下了个圈套来陷害民众啊。哪里有贤明的国君会干这种事情呢？因此，国君一定要为民众置办固定的产业。民众有了固定的产业，国君恭敬节俭，按照什一税的方式向百姓征收赋税，这样还有治理不好的国家吗？"

说到此处，只见滕文公的近臣们有连连点头称赞的，有若有所思、将信将疑的，他们彼此间开始窃窃私语。滕文公当然相信孟子的话了，不过孟子此时仅仅说的是一个大概，具体怎么做还没有讲。

滕文公心里也犯嘀咕，他望向主管农事的毕战，毕战也傻眼了。滕文公点点头，毕战立刻明白了，只见他恭恭敬敬地向孟子行礼，问道："子舆先生，我是滕国主管农事的官员，我想问问先生，我们滕国要推行仁政，给民众置办产业，到底该如何去做呢？"

孟子成竹在胸地说道："大王要实行仁政，由先生具体负责农事，这是仁政的第一步，一定要努力啊！"

毕战点点头，感觉自己身上的担子不轻。

孟子接着说："仁政，一定是从划分田界开始。大家想想啊，如果田界划分得不公正，那么井田的面积肯定就不平均，向民众征收赋税就会出现不合理，那些暴君和贪官污吏就有机会钻空子，从中渔利，所以他们一定要混淆是非，搞乱田界。所以，如果田界划分得公正平均，那分配土地、征收赋税、制定俸禄就毫不费劲了。"

孟子说到这里，毕战也深感土地问题才是最根本的，现在土地兼并成风，民不聊生啊。毕战还没有听到孟子讲到井田如何操作，于是又问道："先生，就滕国的现实状况，我们该如何去做呢？"

孟子微笑道："先生还是个急性子啊，我正要给大家讲一讲呢。我们滕国虽然国土面积狭小，但是也一定还是要有做官的君子和耕田的农夫啊。如果没有君子，就没有人去治理国家、处理国家大事；同样，如果没有农夫种田的话，那谁来供养这些君子呢？我的建议是，在郊外实行九分之一的助法，在国都中实行直接交税的什一税。方圆一里地为一个井田单位，每一井田九百亩地，最中间的是公田，其余八百亩地为私田。民众共同耕作公田，公田的农事完毕后，然后各家再去耕种各自的私田。同时，民众不能随意搬迁，在井田制下的乡里各家，出入为伴，防止盗贼的侵犯，小病小灾也可以互相周济，互相帮助。那么，民众也就亲如一家人。当然，卿以下的官吏也要有祭祀用的圭田，每家五十亩，他们能够虔诚地祭祀祖先。在这样风气的影响下，民众也就会归于忠厚老实了。至于在实施中如何进一步改善，那就是国君和先生的事情了。"

孟子说着向滕文公和毕战致意，当然两人也回礼。滕文公看着孟子说道："滕国虽然国小人少，但是还是希望能够践行先生的治国方略。不过，民众的教育也是根本的问题，先生在这方面有什么高见吗？"

孟子说道："大王，这个问题问得好，教育是国家根本。理想状况下，我们滕国要设立庠、序、学、校等教育机构去教导民众归于善。庠的本意是教养的意思，周代的教育机构就叫庠；序是习射的意思，商代的教育机构就叫序；校是教导的意思，夏代的教育机构就叫校；学是效法的意思，三代都有，都是用来教导人伦的。治理者提倡人伦，民众肯定就会跟从，自然相亲相爱如一家人。假如有圣王出现，也一定会来仿效的。您努力吧！一定能使滕国焕然一新的。"

孟子说完，滕文公君臣也深表同意。天色已晚，在滕国君臣的谢意中，孟子和弟子们离开了宫室，回到了馆舍中。

滕文公深知民众之事无大小，在送走孟子一行后，君臣并没有立刻离开，又回到宫中。滕文公看着这些近臣，语重心长地说道："之前先君丧礼之事诸位也都亲身经历过，子舆先生所言非虚。如今，子舆先生远道而来协助我们治理国家，刚刚给我们谈的都是国家最根本的事情，也是当下最紧要的事情。我刚刚开始处理国政，需要大家的精诚团结、通力合作才能完成。"滕文公边说边扫视着群臣。

"大王，您就下令吧，我们愿意为大王肝脑涂地，在所不辞。"毕战先请命，其他大臣也都附和道："大王，下令吧。"

滕文公与君臣合议，很快就将新政布置了下去。由于三年之丧的坚持，滕文公已经完全获得了民心，获得了举国上下的支持，新政没有任何的阻力，效果非常好。

孟子看到，如此时代，竟然有这样一个知音，深感难得。当然，孟子也不愿意辜负滕文公的信任。在推行新政的两年里，孟子也是为新政忙前忙后，日夜操劳，目不交睫，衣不解带，鞠躬尽瘁。孟子除了总体上指导、规划滕国新政，同时，他还亲自过问很多细节，对战争给民众造成的苦痛也有了更多、更直观的认识。

新政后的滕国，政治清明，社会趋于稳定，经济蒸蒸日上，国家逐渐强大。滕国上下个个廉洁奉公，民众丰衣足食，风清气正，忠、信、孝、悌成为民众为人处世的准则，社会一片祥和的景象。但是，滕国毕竟是小国，在大国间如何生存始终困扰着滕文公，也困扰着孟子。毕竟，军事外交并不是孟子擅长的。

六

齐国首先打破了滕国的祥和。公元前322年四月，齐国田婴封于薛地。田婴打算在薛地筑城。薛地距滕国非常近，对滕国的国家安全有很大的威胁，滕文公心神不宁，无奈之下，他又请孟子前来商量对策。

"先生，现在齐国人要在薛地筑城，我们该怎么办啊？滕国是小国，一直以来都竭力去侍奉大国，但还是不能免于外在的祸患，我们到底应该怎么办呢？"

孟子也正想说此事，他还是从历史讲起："从前周族在邠地生活，北方的蛮族狄人常来侵扰，周太王先后献皮毛、丝绸、良马、珠宝，但是狄人仍然不满足。太王知道狄人想侵占他们的土地，但是他不想燃起战火，使百姓遭殃。于是他带着亲属离开了邠地，迁到岐山，来到周原，那是他不得已，不是主动选择的。当然，民众得知后，也随他一起

孟子心有不甘地离开了滕国。

迁到周原。所以说，如果能推行善政的话，后代子孙中一定会出现王者的。对君子而言，创立基业，传之后世，世代相继。您一定要好好坚持、努力推行仁政啊。"

经过将近两年的相处，孟子此言滕文公当然同意，但是要如何解决当下的燃眉之急呢？

"先生，先生，我们当下该如何处理呢？"滕文公打断了孟子的话。

孟子现在的确找不到任何现成的、行之有效的办法，只能硬着头皮讲道："大王要么仿效周太王搬迁他处，要么坚守自己的国土，寸步不移。大王只能二选一了。"

孟子讲完后，滕文公和他都不再说话。显然，滕文公知道孟子面对外交的处理的确毫无他法，也不再为难他了。孟子沉默良久，起身告辞。

十月，齐国田婴在薛地筑城。孟子深感时局不易，要在小国推行仁政，时刻要面对大国的生死威胁，恐难实现。他自己深感愧对滕文公，于是很快就离开了滕国。

前往魏国

一

魏国在战国初年曾强盛一时，魏惠王即位后，迁都大梁，争霸中原。但经桂陵之战、马陵之战的失败后，国力已不如前。魏惠王当然不希望魏文侯、魏武侯的基业就此没落，于是招纳天下贤士，天下异能才俊纷纷前往魏国。孟子在滕国失败后，已经意识到在这个弱肉强食的时代里，推行仁政必须要在大国中进行。中原最强的国家除了齐国，就是魏国。

公元前320年，孟子此时已经五十多岁了，名满天下，与刚刚游说天下时已经有了很大区别，他身后已经有大车几十辆，弟子随从几百人，一行浩浩荡荡前往魏国。

魏惠王得知孟子前来，自然十分高兴，隆重地接待了孟子。

魏惠王也是一个直来直去的爽快人，两人见面，没有那么多的寒暄，魏惠王开门见山就问："先生啊，您不远千里来到敝国，将会给敝国带来什么好处呢？"

孟子最不喜欢张口闭口谈"利益""好处"之类的话题，有点不太高兴，但还是十分恭敬地回答："大王，你何必动不动就讲利呢？我这里只有仁义，不知大王有兴趣没？"

魏惠王尴尬地笑了笑说："先生，您就讲您的仁义。"

孟子拜谢，接着说："按照大王讲'利'的想法，大王问怎样才能对我的国家有利呢？大夫问怎样才能对我的家族有利呢？读书人问怎样才能对我自己有利呢？这样一个利益先行的社会，人人都谈利益，国家上下都在争夺利益，那国家就危险了。大王只要稍微想一下，手里有万辆兵车的国君，杀害他的一定是那些手里掌握千辆兵车的大夫；手里有千辆兵车的国君，杀害他的一定是那些掌握着百辆兵车的大夫。如果人们眼中只有利，把义放在利之后，篡夺之事就会不绝于耳，因为对于'利'的攫取永远不会被满足。天下没有人服膺'仁'而抛弃自己的父母、也没有人遵从'义'而不顾及君主的人。大王，您只要讲仁义就可以了，根本不需要谈利益！"

魏惠王此刻脊背已有阵阵凉意了，他脑海中早已浮现出几百年的历史，孟子的话是针针见血、刀刀在肉啊。他赶忙问道："先生所说的义，到底是何意？什么是先义后利呢？"

孟子说道："我们需要建立一个社会最根本的道义，建立公平、公正、合理的社会秩序，建立人与人和平相处的和睦关系，这就是义。在这个基础上，每个人在合理的范围内、有序的秩序下，去追求自己应有的利益。"

魏惠王深表赞同，并表示："先生今日刚到，旅途劳顿，先做休息，改日再与先生商议。"

孟子拜谢，离开魏国宫室。

孟子批判了魏惠王的逐利思想，向他阐述仁政。

二

孟子住在魏国的馆舍一段时间，向弟子传授儒家学说，与弟子们在一起是他最快乐的时候。

一天，孟子前往拜见魏惠王。魏惠王听说了孟子很多关于仁政的思想，当然也有很多困惑。只见魏惠王站在水池旁边，鸿雁在空中翱翔，麋鹿欢快地跑来跑去。魏惠王感到这是他最放松的时刻了，完全沉浸其中。

孟子看到魏惠王丝毫没有察觉到自己已经到了，于是轻轻地咳了下。魏惠王这才从良辰美景中回过神来，顺口问道："先生，贤人也会享受这样的美景吗？"

孟子不假思索地回答："大王，只有真正的贤人才会在此景中感受到快乐，不贤的人，美景就在眼前，也无法从中感受到一丝丝的快乐。大王应该知道，周文王曾经组织民众建造了高台深池作为苑囿，养了鸟兽和鱼鳖，民众非常高兴，盛赞修的高台为灵台，称誉修的深池为灵沼，也为他养的麋鹿、鱼鳖肥肥美美而由衷地高兴。为什么呢？因为文王能够与民同乐，得到民众的支持，所以他才真正从中感受到了快乐。夏朝末年，夏桀在位，统治暴虐，民不堪其苦。但是夏桀狂妄至极，竟然自比太阳，认为自己的统治将永不陨落。结果民众就不高兴了，他们私下传言：'这太阳什么时候陨落，我们愿意与你同归于尽！'民众竟然要和他一起灭亡，这样的君主，即使他拥有如此台榭池沼，大王觉得他可以感受到快乐吗？"

魏惠王招呼孟子一起坐在池沼旁边的台榭中，恭恭敬敬地说道："寡人诚心诚意地接受您的意见。"

孟子对魏国此时的状况也有了一些了解，想规劝魏惠王与魏国民众息息相关的苛政问题，于是说道："大王，我问您一个问题，用木棍打死人和用刀杀人，有什么区别吗？"

"都是杀人，没有什么不同之处。"魏惠王回答。

"用刀杀人和用苛政逼死人，有什么不同吗？"孟子追问。

"也没有什么不同！"魏惠王回答。

孟子说道："大王，厨房里放着吃不完的肉，马厩里拴着膘肥体壮的骏马，而国境里的民众却一副面黄肌瘦的样子，田野之中到处可见饿死的人，这和带着野兽来吃人有什么不同呢？"

魏惠王一怔，来不及反应。孟子接着控诉："我们看见野兽自相残杀，尚且心生憎恶。大王，您作为民众的衣食父母，推行的政策却犹如带着野兽来吃人，那大王作为民之父母，去爱护他们、养育他们的责任又是怎样体现的呢？大王怎么忍心看着自己的民众饿死呢？"

魏惠王面露难色，深感不安，孟子的话犹如刀子一般刺进了他内心的柔弱处。但是，魏惠王也有困惑，需要好好整理一下自己的思绪。

三

孟子看着魏惠王眉头紧锁、静静思考的样子，也没有打扰，只是安静地等着。池沼上微微起风，荡起涟漪，鸿雁落在池沼边，悠闲地整理羽毛，麋鹿懒洋洋地趴在草地上。

魏惠王觉得自己执掌魏国，虽然没有多大的功业，但是也为魏国民众做了一些善事，推行了一些好政策。

魏惠王说道："先生，寡人对于这个国家，的确是尽心尽力了。远的不说，我们就说近来的事情。河内出现了灾荒，我就把部分受灾民众迁徙到河东，同时还从各地调派粮食到河内救荒；河东出现类似的灾荒，我也一样处理。看看周边的其他国家，他们的国君根本不如我对国事用心啊。但是，邻国的民众也没有减少，而魏国的民众也没见得比别人多啊，这让我很困惑，很有挫败感，先生能告诉我这是什么原因吗？"

孟子回答："大王，您的这些善政的确非常用心，但是距离仁政还是差远了，这就是民众没有增多的原因。大王最熟悉打仗了，那我还是用打仗来做比喻吧。战鼓雷动，两军交战，一方败北，士兵丢盔弃甲而逃，腿脚利索的跑了一百步，气喘吁吁地回头张望，看见了跑得慢的才跑了五十步。这下后面的人上气不接下气地嘲笑：'胆小鬼，跑那么快干吗？'大王觉得怎样，应如何评价？"

"凭什么嘲笑呢，没有人家腿脚利索，只不过还没跑到一百步而已。都是逃跑，有什么区别？"魏惠王答道。

孟子接着说道："是啊，大王明白这个道理的话，我就好接着往下讲了。大王和邻国国君的做法相比，也不过是五十步和百步而已，所以大王也就不要奢望民众会比邻国多了。"

此时，魏惠王脸色已经不太好看了，魏惠王对这个比喻很反感，但是还是耐着性子听下去。

孟子深知治沉疴必须用猛药，说些不痛不痒的比喻不会让魏惠王印象深刻的，一切尽在他的意料中。他接着讲道："国君施政，能够做到不违背农时，不妨碍正常的农业生产，那粮食就吃不完；规定太密的网不能进入池塘捕捞，那鱼鳖就吃不完；命令民众要按照时令进入山林进行砍伐，那木材就根本用不完。粮食、鱼鳖、木材这些基本的物资都吃不完、用不完，那民众养生送死就不会有任何困难了，这就是王道的开始。"

讲到此处，魏惠王的脸色稍微好转，表示认同。

孟子接着说："五亩之地，种上一些桑树，这样的话，五十岁以上的老人就可以穿上丝绸了；鸡、鸭、猪、狗这些家畜，不要错过繁殖的时机，这样的话，七十岁以上的老人就可以顿顿吃上肉了；百亩之地，治理者不要侵夺农时，这样的话，数口之家就不用担心吃不饱饭了。这是实行王道的基础。大王在这个基础上再注重学校的教育，向民众宣扬孝悌的德行，我想在魏国的土地上再也看不到头发花白的老人还肩上扛着重物，干着重体力活了。老人能够穿丝绸，顿顿有肉吃，民众丰衣足食，如此还不能称王天下的，是绝对没有的事。"

讲到这里，孟子话锋一转，再次回到魏惠王开始问的问题："大王看看，现在猪狗吃着人吃的粮食您却不出面阻止，路有饿殍大王却不愿意开仓放粮，赈济民众。现在民众饿死了，大王却说'那不是我的原因啊，那是天灾'。这就好比杀了人，却说'这不是我杀的，这是兵器杀的呀'。大王如果能实行仁政，那么天下的民众都会投奔大王的，何愁民众不增多呢？"

魏惠王也部分赞同孟子所说，但此时他已经

八十来岁了，在位已有五十余年，他再也没有年轻时的那股子劲儿了，所以迟迟不肯承诺会像滕文公那样支持孟子的仁政方略。当然，孟子也不是仅仅为了做官才到此，他还是坚持自己的道义，也就始终没有真正在魏国出仕。

时间就这样悄悄溜走。公元前319年，风烛残年的魏惠王带着他重振霸业的夙愿离开了这个世界。

四

魏惠王去世后，即位的是太子姬嗣，就是魏襄王。孟子在魏国一直等待魏襄王即位亲政，幻想着这个年轻的君主能够奋发图强，改弦更张，振兴魏国，而且这一切都是按照自己仁政的思路进行的。

公元前318年，魏襄王即位，孟子前往拜见。孟子进入宫室，远远望去，只见魏襄王歪歪斜斜地坐在自己的位置上，眼睛也不知看向哪儿。走近一看，魏襄王抠着鼻子，腿也不停地在晃动，举止轻浮，毫无威严。孟子上前，并没有主动说话，因为他不知道对这样的国君到底应如何说起。

这时，魏襄王眼神瞟到了孟子身上，他盯着孟子看了一会儿。孟子极不自在，肠子都悔青了，将近一年的等待，就等来这么一个货色。

突然，魏襄王问道："天下到底怎样才能安定呢？"

孟子淡然地回答："天下统一就安定了。"

"那谁能统一天下呢？"

"不喜欢杀人、不发动战争的人能够统一天下。"

"不通过战争，谁又愿意归顺他呢？"

孟子耐着性子讲道："天下人没有人不愿意归顺他。大王了解禾苗生长吗？在一年中最旱的七八月期间，禾苗在大太阳下都会枯萎。这个时候，突然天上骤降大雨，禾苗得到了雨水，立刻生机勃勃。这样的景象，谁能阻挡呢？道理是一样的，当今天下有哪个国君不喜好杀人，有哪个国君没有发动过战争呢？民众已经受够了战争之苦，对战争深恶痛绝。而现在如果有一个不喜欢杀人的国君出现，天下民众当然会期盼他的到来。真有这样的国君出现，民众归顺他，就像水往低处流，浩浩荡荡的样子，谁又能阻挡呢？"

魏襄王听完后，微微摇头，并不赞同。他看着孟子滔滔不绝的样子，心想："迂腐书生啊！真是太天真了。"

孟子再也没有留在魏国的理由了。环顾天下大国，去哪里呢？孟子苦苦思索。"齐国，对，齐国。"孟子不由地说出声来。去年齐国的政局发生了变动，此前对他学说没有丝毫兴趣的齐威王已经去世。刚刚即位的齐宣王非常喜欢游说的士人，齐国的稷下学宫已经成为天下士人聚集之地了。

孟子决定再次入齐。

再次入齐

一

　　公元前318年，孟子一行抵达齐国。孟子此时已是名满天下，齐宣王按捺不住内心的好奇，先行派人前去偷偷观察孟子。

　　孟子来到齐国后，先去见了齐相储子，储子就对孟子说："先生，我知道齐王派人暗中观察您，我想知道先生与其他人相比果真有什么特别之处吗？"

　　孟子笑了笑，张开双臂，抬抬脚，故意假装打量自己，说道："您看，我哪里有什么特别之处呢？尧舜这样的圣人从外表上看与其他人也没有什么区别呀。"储子也被孟子这个举动逗笑了。可孟子心中对齐宣王偷偷窥视自己的做法还是感到非常不满的,这在当时属于逾越礼制的行为。

第二天,孟子正准备前去拜见齐宣王,齐王却派人来告知:"先生,大王本来应该亲自来看望您,结果不慎着了风寒,不能出门。明天早朝,不知先生是否能来朝堂,到时候与大王相见。"

孟子脸色顿时非常难看,冷冷地说道:"太巧了,我也非常不幸,身体小恙,明天无法前往朝堂,还请向大王说明情况。"

使者当然知道齐宣王一而再、再而三地失礼,有错在先。如果是其他人还好,关键孟子本身懂礼,又十分在意礼仪,使者只能如实将孟子的话禀告齐宣王,齐宣王将信将疑。

第二天一早,孟子准备出门吊唁齐国大夫东郭氏。这时,一旁的弟子公孙丑提醒道:"先生,昨日您推脱说有病在身,今早无法前去朝堂。现在您却出门吊唁,这样做太明显了吧,我劝先生还是三思。"

孟子回答:"昨天有病,今天一早起来发现好了。大丈夫光明磊落，为什么不能去吊唁呢？"

孟子与公孙丑一行前脚刚走，齐宣王的使者后脚就来了。齐宣王专门派人前来慰问孟子的病情，还带了医者前来。此时孟子的堂弟孟仲子赶忙上前接待，场面显得非常尴尬，孟仲子只能解释："昨日大王使者前来时，子舆先生正好病了，当时觉得今日肯定到不了朝堂拜见大王了。不想，今早起来之后稍微好了一点，就赶忙去朝堂了，不知道现在到了没有。"

孟仲子一面应付齐王派来的使者，同时赶紧派人传话给孟子："您无论如何今天都不能回家，赶紧到朝堂上去！"

孟子非常无奈，不得已，他就只能前往齐国大夫景丑氏家里临时借宿。

当景子听说了这件事情的原委后，也是非常不解，甚至用责备的语气问孟子："子舆先生，家有父子，国有君臣，这是人间最大的伦理秩序，先生不可能不知道。父子之间讲究恩情，君臣之间讲究尊敬。大王刚刚即位，求贤若渴，我也的确看到了大王对先生的尊敬和关心，但是我却没有看到先生对大王的尊重啊。不知道先生有什么话要说吗？”

孟子无奈地摇摇头，说道：“哎，景子啊，您这说的是什么话呢？在齐国，没有一个齐国人和齐王谈论仁义，难道是齐国人认为仁义不好吗？不见得吧。那么他们心里一定在想：‘齐王他哪里有资格谈论仁义呢！’在我看来，这才是齐国人对齐王最大的不敬。而我要跟大王谈论的是尧舜之道、仁义之德，所以在我看来，没有人比我更尊重齐王了。”

景子认为孟子是故意岔开话题，摆手说道：“先生啊，我说的不是这个，我就说当下这个礼仪的问题。根据仪礼，如果父亲召唤，来不及回答就赶紧起身；如果君主召见，等不及马车备好就已经动身。但是您呢，昨天本来已经准备好去朝见齐王的，但是齐王临时身体有恙，改到今日早朝召见先生，先生却借故不去了，这恐怕不符合仪礼吧？”

孟子明白了，景子原来说的是这件事，孟子说道：“曾子曾经讲过：‘晋国、楚国国君的财富天下无人能及。但是，他们有他们的财富，我有我的仁；他们有他们的爵位，我有我的义。我哪里不如他们呢？'先生您觉得曾子的话有道理吗？"

　　说到这里，孟子把眼光投向景子，只见景子点点头，表示认同曾子的说法。孟子接着说道："既然先生同意，我就接着说。其实，天下公认的尊者有三种：爵位，年齿，道德。在朝堂，最尊贵的是爵位；在乡里，最尊贵的是年齿；匡扶天下，最尊贵的是道德。那我们算一算，齐王有爵位，我有年齿和道德，齐王又凭什么怠慢我呢？所以说，真正想要大有作为的君主，一定不能随意呼来唤去臣子，若是真有事请教，那就得亲自前去。若是君主无法做到尊德爱道，那就无法让臣子真心诚意与他一起作为。"

　　景子问道："先生的确说得有一定道理，那古时候真的有这种情况吗？"

　　孟子回答："当然有，商汤与伊尹，商汤先向伊尹学习，然后再请伊尹协助治理天下，所以商汤毫不费力地称王天下。远的不说，就看看我们齐国，齐桓公与管仲的事迹先生应该最清楚了吧。齐桓公也是先向管仲学习，然后请他协助自己争霸天下，所以他不费吹灰之力就称霸天下。如今的天下，各大诸侯国土地面积、国君的德行也不相上下，之所以这样，就是因为这些国君都喜欢用一些听话的、能够哄自己开心的，甚至溜须拍马的人作为自己的臣子，没有哪个国君喜欢用能够教导他们甚至苛责他们向善的人为臣子。看看真正有胸怀、有作为的君主，商汤对伊尹、齐桓公对管仲，从来都不敢呼来唤去。像管仲都不愿意被呼来唤去的，更何况是不屑于仿效管仲的人呢？"

景子被孟子这种坚持道义、藐视权贵的气概深深折服了。

二

齐宣王还是有一定抱负的，想要成就一番霸业，他这点度量还是有的。最后齐宣王在宫室中正式接见了孟子，孟子端端正正地坐在几案旁。

齐宣王向孟子寒暄道："子舆先生，久仰大名。"

孟子起身还礼，连连说道："不敢，不敢。"

齐宣王毫不掩饰自己的志向，问道："先生可否给我讲讲齐桓公、晋文公如何成就霸业的事情呢?"

孟子并不屑于谈起霸道，决定把话锋引入王道的宣扬上。只见孟子从容不迫地说道:"孔子学说的门徒中没有谈齐桓、晋文之事的，因此，孔子后学中没有关于他们的事迹，我自己也不曾听说过。大王，您问的问题我的确孤陋寡闻，回答不上来啊。如果大王还想听我说的话，那我就给大王讲讲我的王道，您看怎样?"

齐宣王望着孟子，觉得这位老先生有点意思，顺势问道:"那先生不妨讲讲王道。按照先生的标准，具备什么样的德行才可以称王天下呢?"

"很简单，能做到爱护民众、得到民心，就可称王天下了，天下没有谁能够阻挡。"孟子自信地说道。

齐宣王一怔，半开玩笑地问道:"就像寡人，能够做到爱护百姓吗?"

孟子毫不犹豫地说:"当然可以。"

齐宣王不解地问道:"先生何以知道我能做到呢?"

孟子笑了笑，他当然不是信口胡言，他早都

了解了齐宣王的一些事情。孟子说道："臣曾听胡龁讲过一件事，大王曾经在大堂上坐着，看见有人牵着一头牛经过堂下，就问道：'这牛要牵到哪里去呢？'牵牛的人回答：'刚刚做好一件新钟，杀牛来祭祀。'大王说：'还是放了那牛吧，我不忍心看到它恐惧的样子，这就像没有罪过却要被杀死一样。'牵牛的人问道：'难道要废除衅钟这个礼仪吗？'大王说：'当然不是，怎么能够废除呢？还是换只羊吧！'不知道有没有这件事呢？"

齐宣王说："当然有。"

孟子接着说："大王不忍看到这头牛被杀的心，就是称王天下的开始。我知道，齐国臣民会以为大王是吝啬，而我却能理解大王不过是不忍心。不知我说得对不对？"

此刻齐宣王像碰到了知音一样，他被冤枉了很久，只是一直不知道如何解释，孟子此语深得其心。齐宣王激动地说："是啊，是啊，人们的确这么想我。我们堂堂齐国，虽然不能说地大物博、物产丰富，但是我也不至于吝啬一头牛吧？只是不忍心看到那头牛战战兢兢的样子，所以才用羊来替换的。"

孟子接着说:"大王,您也不要怪罪大家误解。大王仔细想想,您用小羊换大牛,他们当然难以理解大王的良苦用心了。大王如果可怜那头牛,然而那只羊又有什么罪过呢?牛和羊又有什么本质的区别呢?"

齐宣王想想也是啊,尴尬地笑问道:"先生,这到底是一种什么心理呢?我自己也说不清楚。我本心的确不是因为吝啬而用羊换牛的,也难怪民众说我吝啬呢。"说着摇摇头。

孟子也笑着回答:"大王,这正是您仁心的自然流露啊。"

孟子的回答让齐宣王感到很新鲜,立刻竖起耳朵、睁大眼睛听孟子讲。

"因为大王只见到了瑟瑟发抖的牛,至于羊,大王肯定没有看到吧。"

齐宣王用力地点点头:"的确是这样的,可惜大家不理解,我的确不如先生,也说不出理由啊。"

孟子接着说:"对于君子来说,看见禽兽活

着，就不忍心看见它们死亡，听见它们临死时的哀嚎，就不忍心吃它们的肉。所以说，君子远离厨房。"

齐宣王喜出望外，高兴地说："先生说得对。《诗经》上说：'别人的心思，我都能猜得到。'这话说的就是先生您呀。我这么做了，却不知道原因是什么，自己心里也想得不是很明白，自然也无法给别人解释。先生这么一说，我立刻就豁然开朗了。但是您说有此心就能称王天下，这又是什么缘故呢？"

孟子看到齐宣王对自己已经有所信任，自然是信心倍增。只见孟子正襟危坐道："大王，如果现在有一个人向您禀告：'我的力气可以举起三千斤的东西，但是举不起一片羽毛；我的眼睛能看清兔子的绒毛，但是看不见一车的柴火。'大王您会相信吗？"

齐宣王连连摇头："当然不信了。"

孟子接着说："那么如今大王的恩德能够给予禽兽，但是却不能够泽及百姓，这到底是为什么呢？显而易见，举不起一片羽毛，是不愿意用力；

看不见一车柴火，是不愿意看见；不爱护民众，是因为不愿意恩泽百姓。所以，大王没有称王天下，是不愿意去做，并不是做不到。"

齐宣王问道："先生，不愿意和做不到到底有什么区别，可否再详细讲讲？"

孟子继续说："让一个人用胳膊夹起泰山，去跨越渤海，他会说：'我做不到。'他肯定是真的做不到。但是对年纪大的长者行礼鞠躬，他却说：'我做不到。'这哪里是做不到啊，这是不愿意做。我劝大王推行仁政，这并非夹着泰山去跨越渤海一类的事，而是行礼鞠躬的事啊。"

孟子顿了顿，看着齐宣王，开始宣讲他的仁政："尊敬自己的父兄，进而将这种敬意推及他人的父兄；爱护我们的孩子，进而将这种爱意推广到其他人的孩子。大王将此心用于治理天下，那么称王天下就很简单了。由近到远自然地将恩惠不断推广，就可以平定天下，不这么做的话，就连自己的妻子儿女都无法呵护。所以，古代圣贤治国之所以能超过今人，正是在'仁'这一点上做得更好。大王，如今让齐国将士冒着生命危险去和别国打仗，您心里就一定好受吗？"

齐宣王连忙解释："先生误会了，自己的民众流血牺牲，我怎会好受呢？我也是迫不得已，我想要实现自己的远大理想。"

孟子问道："大王，您的愿望可以告诉我吗？"

齐宣王笑而不语。

孟子瞬间明白是怎么回事了，并不想直接道破，而是不断反问道："大王，是因为美酒佳肴不够吃喝吗？暖和好看的衣服不够穿吗？美妙的音乐不够听吗？身边侍奉大王的人不够多吗？大王难道真是为了这些吗？"

齐宣王连连摆手："先生误会了，不是，不是这些。"

孟子又说："大王的愿望我大概明白了。您是想要扩疆拓土，让秦、楚这样的大国臣服，君临天下，称霸中原。但是大王现在的做法却是缘木求鱼。"

齐宣王一惊，问道："有这么严重吗？"

孟子说："恐怕比这还严重呢！缘木求鱼，至少不会有什么祸患，以大王现在的方式去实现愿望，那必定大祸临头啊。"

齐宣王问道："先生给我讲讲到底是为什么？"

孟子并没有直接回答，反而反问道："大王，邹国和楚国兴兵打仗，您觉得哪国会胜？"

齐宣王不假思索地说："当然是楚国赢。"

孟子回答道："是啊，大王并不糊涂。当然是楚国胜利，小国怎么可能打得过大国呢？人烟稀少的国家又怎么可能敌得过人数众多的国家呢？弱国肯定也不是强国的对手。天下的土地分为九份，齐国也不过居其一而已。大王真要以一敌八，这与邹、楚之战的结果又有什么分别？大王如果实行仁政，那么天下士人都会到齐国来出仕任职，民众也会前来齐国耕作，商人也都会聚集于齐国的大都市，痛恨本国国君的人也都会到大王这里来向您诉说。想想那时，谁还能抵挡大王称王天下呢？"

孟子这么一说，齐宣王似乎意识到了问题的严重性，问道："先生，您看我一天浑浑噩噩的，竟然没有想到这些事情。我真心希望先生能够开导我，用仁政的具体措施教导我。我虽然不是很聪明，但是我还是想试试。"

孟子讲了半天，齐宣王终于希望听到仁政方案，他稍感轻松，深深地舒了一口气，语重心长地对齐宣王讲述仁政措施。经过几年的摸索和思考，与之前对滕文公所说相比，孟子此时讲得更加从容、更加自信。齐宣王听得十分入迷。

孟子和齐宣王一直聊到深夜才散去。

三

战国中期，礼乐制度早已名存实亡。当时有很多人建议齐宣王拆掉象征旧礼制的明堂。当时的明堂主要是用来举行朝会、选士、养老和教育等大典的场所。齐宣王思索良久，举棋不定。想来想去，齐宣王还是想到了对礼制很有造诣的孟子。孟子应召前来。

齐宣王问道："先生，现在有人建议我拆掉明堂，不知您意下如何？"

孟子一听，心里暗暗觉得不好，他强烈反对，并指出："明堂是大王推行仁政的殿堂啊！大王上次不是表示愿意推行仁政了吗？如果要推行，那就一定不要拆毁。"

齐宣王觉得这个老头挺有意思，讲什么他都能讲到仁政，而且上次虽然和孟子谈了很久，但是回去仔细想想还是有很多疑问。于是齐宣王问道："先生，能否再给我好好讲讲仁政吗？"

孟子一听，求之不得啊，于是欣喜地说道："从前文王施行仁政，耕者交纳九分之一的税，官制则实行世卿世禄制，士大夫有世代继承的俸禄，关卡和市场从不征税，不禁止百姓在湖泊中捕捞，惩治作奸犯科者不波及家人，并首先抚恤鳏寡孤独之人。《诗经》中说：'富足者的生活已经很好了，还是多多照顾那些无依无靠的人吧。'"

齐宣王激动地说："这话说得好啊！"

孟子问道："大王您既然觉得好，那为什么迟迟不去推行呢？"

齐宣王的确对孟子的仁政颇感兴趣，但是他又特别不想放弃作为君王的任何物质享受和耳目之娱。根据齐宣王对儒家的了解，推行仁政与这些享受是冲突的。

他不好意思地说道："子舆先生，我喜欢钱财，总觉得不适宜推行仁政。"

孟子一听，立刻明白是什么意思了，心想："总不能奢望能够真正出现一个在上位的道德君子吧，仁政还是需要推行的。"孟子反应很快，立刻说道："大王，您这个爱好不影响仁政的推行啊。从前周代先王公刘也非常喜欢钱财啊，没有关系的，大王喜欢钱财，同时也能让百姓拥有钱财，那称王天下有何困难？"

齐宣王又说："子舆先生，我还有个不好的毛病，就是喜欢美女。"

旁边陪坐的诸位大臣都笑了，有些人在窃窃私语。孟子笑了笑说道："大王，这是人之常情啊。从前，周太王也特别喜欢美女，宠爱他的妃子。这在《诗经》上都有记载，说是太王带着他宠爱的妃子来到岐山脚下，视察民众的生活。在周太王时期，宫里没有找不到丈夫的怨女，宫外也没有找不到妻子的单身汉。所以大王喜欢美色是没有关系的。如果大王好美色，也能够使天下民众都能娶妻婚嫁，家庭和和美美，那么大王称王天下也是指日可待啊。"

齐宣王又问："我还喜欢在离宫苑囿中玩乐，百姓会怨恨我吗？影响推行仁政吗？"

孟子回答道："当然不影响啊。大王也应该让百姓享受到相似的快乐，更重要的是做到以百姓的快乐为乐，那么百姓肯定也会以大王的快乐为乐；为百姓的忧愁而愁，百姓也会为大王的忧愁而忧愁。快乐能够与天下人同乐，一起分享，忧愁能够与天下人同忧，一起担当，这样如果还不能称王，是根本不可能的。"

齐宣王听后也觉得非常有道理，孟子引经据典，又都是周朝先王的典故，齐宣工被孟子机智的辩才所震撼。然而，大家心知肚明，儒家的学说并不能起到立竿见影的作用，在战国这个大争之世，没有哪个大国会完全推行儒家的治国方略。

四

齐桓公当年争霸天下，"尊王攘夷"的外交口号一出，便成功了一半。齐宣王一直希望能够像齐桓公一样，恢复齐国在天下的地位。此时，齐国接连打败魏国，实力雄厚，威望正高，所以在齐宣王看来，确立符合天下形势的外交战略是头等大事。

一日，齐宣王邀请孟子一起观兵。战鼓隆隆、战旗飘扬，齐国锐士严阵以待，接受齐宣王的检阅。齐宣王侧身问道："子舆先生，我们与邻国相处有什么好的方式吗？"

齐宣王言下之意已经非常明了，但是孟子佯装不知，仍然坚持自己的立场，不肯阿谀。孟子答道："当然有。只有真正的仁人才能够以大国的风范去侍奉小国，所以商汤就曾经侍奉过葛国，周文王曾经侍奉过昆吾。只有真正的智慧之人才能以小国姿态侍奉大国，所以周太王曾经侍奉过獯鬻，越王勾践曾经侍奉过吴国。以大国风范去侍奉小国，是尊敬天命的君主；以小国姿态去侍奉大国，是畏惧天命的君主。尊敬天命的君主能够保有天下，畏惧天命的君主能够守住国家。所以《诗经》里有句话：'敬畏天的威严，就能够得到福佑。'讲的就是这个道理啊。"

齐宣王见孟子并不愿意进入到自己的主题上来，尴尬地笑了笑。

齐宣王再次望向齐国军队说道："先生讲得太好了。不过，寡人有个小毛病，就是特别喜欢逞强斗狠，以勇力服人。"

孟子说道："大王，我希望你不要喜欢那种简单的逞强。像是手紧紧握住剑，瞪着大眼，恶狠狠地说道：'谁敢阻挡我！谁敢和我决一死战！'这不过是逞匹夫之勇罢了，大王应有大丈夫之勇。《诗经》里面记载了文王之勇，讲道：'文王得知密须国出兵侵略莒国的消息后勃然大怒，派兵出击，截住了密须兵，以符合天下人的期望。'这是文王之勇，文王一怒，天下的百姓就能够安定。《尚书》里面也讲：'上天降生、养育民众，给他们设立了君主，设立了师者、长者，目的是协助上天来关爱民众，天下人有罪或者无罪，都由君主处罚或安抚。'商纣王胡作非为、横行天下、欺虐百姓，周武王以此为辱，并决意出兵讨伐。这是周武王的勇，周武王一怒，能够使天下人逃离水深火热之中，民众生活得到安定。假如大王也能效法文王、武王，一怒而使天下民众脱离战争之苦，生活得以安定，那天下百姓还唯恐大王不好勇呢！"

齐宣王并没有听到他想要的答案，孟子酣畅淋漓地说出了自己的想法。

齐宣王惜才、爱才，他对孟子的仁政也非常感兴趣，两人交流也非常深入，齐宣王也给予了孟子非常高的政治待遇，让他身居卿位。

丧事连连

一

公元前316年，滕文公去世。身在齐国的孟子听到这个消息后，异常悲伤，也非常内疚。此时，齐国朝堂上，滕国使臣也前来讣告齐宣王。

齐宣王深知滕文公与孟子是莫逆之交，也深知孟子并不屈于权势，他能够与滕文公有如此好的交情，必有其他原因，他好奇地问道："先生，君臣之间该如何相处呢？"

孟子回答："孔子讲过，君主以礼对待臣子，臣子尽心尽力为君主办事。君主和臣子的关系是双向的，君主如果视自己的臣子如同手足，那么臣下也会视自己的君主为腹心；君主视自己的臣下如狗马一样的畜生，那么臣下也会视自己的君主如同路人；君主视自己的臣下如泥土、草芥，那么臣下也会视自己的君主如强盗仇人一般。所有的一切都取决于君主对待臣子的态度。"

齐宣王接着问："按照礼制的规定，已经离开的臣子必须为曾经侍奉国的君主守孝。我想问先生，君主到底应该怎样做，臣子才愿意为他守孝呢？"

孟子脑海中又再次闪现出自己与滕文公的种种过往，他整理好思绪回答道："能够听取臣下为国有益的劝谏，能够虚心采纳建议，这样君主的恩泽就会惠及百姓；臣子要离开，君主专门派人礼送出境，同时还要尽自己所能，到臣子即将要去的地方进行安顿；如果臣子离开三年却还没有回来，君主才收回赏赐给臣子的土地、宅邸。这就是三有礼。如果一个君主真能够做到这样，臣下肯定会为他守孝了。"

孟子讲到这里，齐宣王若有所思。孟子又看着齐宣王，接着讲："现在臣子尽心尽力的劝谏国君不听，多么好的建议也不会被国君采纳，君主的恩泽也无法惠及百姓。"

齐宣王抬起头，脸上火辣辣的，想到自己并没有听取孟子的很多建议。他一直深信自己并不是天下最坏的君主，他问道："先生，还有比这更差的君主吗？"

孟子回答："当然有啊。臣子再也待不下去了，于是决定离开，君主竟然派军队前去捉拿、扣押，没有得逞的话，还不遗余力地设法让他在即将要去的地方陷入困境，各种使坏；臣子刚刚决定离开，就没收了土地、宅邸。如此君主，那和强盗、和仇敌有什么不同呢？大王想想，在臣子心目中，这样恶劣的君主，又有什么孝可以服呢？"

齐宣王也深以为然，君臣之间也是将心比心，也深深羡慕滕文公与孟子的君臣相处。于是齐宣王还是要成人之美，决定以孟子为正使，以盖邑为大夫，王驩为副使，前往吊唁滕文公。孟子虽然在表面上是齐国使团的正使，但是从内心讲，他是为他们曾经那段深厚的情谊而来。当孟子踏进滕国境内，他回想起当日初来滕国时举国欢庆的场面，而此时滕国国内举国哀伤，民众都在以各种形式缅怀滕文公。

滕国民众成群结队地在吊唁他们的仁君。滕国民众并没有忘记他们的子舆先生。孟子一路走来，滕国民众都在向他致意。孟子看到滕文公静静地躺在那里，往日君臣相处的情景历历在目。孟子心如刀割，瞬间泪如雨下。当然，齐国的副使王骥与滕文公并未有任何交集，此时又以大国使者身份前来，处处傲慢，指手画脚，甚至在很多礼仪上也不符合规制，这与孟子的态度格格不入。

孟子提醒王骥："先生，我们此行是前来吊唁，还是要尊重他国国君。"

王骥仗着自己是齐宣王的宠臣，看了孟子一眼，也没有说话。齐国其他使臣当然赞成孟子所为，但他们也是敢怒不敢言。孟子虽为使团的正使，但是事实上并没有实权，很多事情仍然是王骥来主持。王骥处处违背礼制，独断专行，孟子对此非常不满。

孟子离开滕国，心中千万滋味，既不舍又无

奈。他真地不知道如何出谋划策，才能让这个国家在当下如此纷乱的时局中获得一份安定，也能为自己心中保留一个理想国。

滕文公的离世，使孟子的情绪本来就非常低落。一路上，虽然孟子与王驩朝夕相处，但从未和王驩讨论过任何问题。

这时，弟子公孙丑就问道："先生，齐国国卿的职位已经很高了。但是我发现先生一路上这么长的时间，没有和王驩讨论过任何国事，这不符合先生的性格啊，我想问问是为什么呢？"

孟子说："这个人鄙俗不堪、独断专行，丝毫听不进去别人的意见，跟他说话就是对牛弹琴，那我还跟他说什么呢？"

公孙丑点点头，明白了先生的意思。

二

屋漏偏逢连夜雨，船迟又遇打头风。孟子这两年可谓祸不单行。就在滕文公去世的第二年，这年冬天分外寒冷，一日，孟子忽然想到了母亲，顿时有一种不祥的预感。往年只要母亲得知自己居有定所，就会捎给孟子一些家里的特产，而今年迟迟未来。孟子的直觉是准确的，孟母仉氏此刻已经病重，即将离开人世，只是远在齐国的孟子尚未得到消息。

孟子的妻子正在给仉氏熬制汤药，仉氏隐隐感到这一次她可能熬不过去了，现下她最大的愿望就是再看看她最惦念的儿子。

仉氏嘴里不断地喊着："轲儿，轲儿……"

她在这个世界上最牵挂的就是儿子。孟子的妻子也感到不妙，于是带话让孟子速速回家。由于交通不便，消息辗转传到齐国已经是半个月后了。犹如晴天霹雳，孟子怔怔地站着，望着邹国的方向，不知此时母亲是否尚在人间。孟子脑海中浮现出母亲含辛茹苦地养育、不遗余力地教导，一次次送别，又一次次在家门口等待的情景。弟子们赶紧收拾行李，随老师马不停蹄，火速赶回邹国。孟子一路上祈祷，希望老天给他们母子最后相见的机会。

仉氏也是苦苦坚持等待。孟子的妻子一面焦急

孟母大限将至，孟子回到母亲身前尽孝。

地等待着，一面悉心照顾母亲，希望他们母子不留遗憾。

孟子终于赶到了家门口，当他看到家门口并未有任何丧事的迹象，他一颗悬着的心终于落地了。孟子赶忙奔向屋内，妻子此时也正好出来，忙说道："母亲一直在等你，赶快进去，她快坚持不住了。"

孟子忍了一路的眼泪再也忍不住了，泪如泉涌。孟母静静地躺在那里，听见了熟悉的脚步声，仉氏缓缓睁开眼睛，虽然早已体力不支，但是此刻她眼里充满着幸福。虽然此时仉氏已经口齿不清了，但是孟子仍能清晰地听见母亲在喊自己。仉氏的手用力伸出，此时她的气力要托起盖在身上的被子已经显得力不从心。

孟子急忙上前，紧紧抓住母亲的手，看着瘦骨嶙峋的母亲，孟子不觉哭出声来，手一直在发抖。仉氏看着日夜兼程赶回来、满脸憔悴的儿子，心里甚是心疼。安慰道："儿啊，不要太过伤心，生老病死是世间常态。我能在死前看到我的轲儿，再也没有什么遗憾了。"

孟子想着这么多年来自己在外奔波，母亲不仅协助妻子维持着这个家，而且一直对在外求仕的自己放心不下，心痛如绞，只是不停地叫着："母亲，母亲……"

过了一会儿，孟子与仉氏的情绪稍微平复了些。孟母非常关心儿子的近况，孟子一五一十地给仉氏讲着自己这些年的遭遇和见闻。仉氏时而为儿子高兴，时而为儿子感到不平，母子此刻已经完全沉浸在了天伦之乐中。

死神还是降临了。第二天上午，孟子正在给母亲熬药，突然妻子慌不择路跑过来，边说边指，意思让他赶紧进屋。孟子顿感不妙，三步并作两步来到屋里。此时仉氏已是奄奄一息，已经不能说话，她看着孟子，充满着母亲对儿子的万般疼爱。孟子上前，跪在母亲身边，泪如泉涌。很快，仉氏去世了。

孟子决定按照礼制将母亲与父亲合葬。孟激去世时，家中困顿只能草草办理。此时，孟子无论是声望还是经济实力，都今非昔比。孟子在母亲的丧事操办上，大大超过了父亲的丧事礼仪，在当时引起了很大的非议。

三

孟子的弟子乐正克正在鲁国做官，鲁平公对孟子的声名也早有耳闻，于是在乐正克的建议下，鲁平公也希望趁此机会前来拜访孟子。

一切准备就绪。鲁平公兴致勃勃地准备外出，这时他的一个宠臣臧仓问道："大王，您以前外出的时候一定会提前告诉负责的官员具体去哪里，以便安排。这次，车马人员都已经准备好了，负责的官员还不知道大王您要去哪儿呢？"

鲁平公说道："我要去见孟子啊。"

臧仓一怔，立刻说道："大王，您身为一国之君，却毫不顾忌自己的身份而去拜访一个普通的士人，这是为什么呢？我想大王一定认为他是一个有才能的贤人。那么我想问大王，贤者是不是应该是礼仪规制的表率，但是您知道吗？孟子操办母亲丧事的规模竟然超过了其父的丧事规模，这是违背礼制的，您还要去见他吗？"

鲁平公一听，竟有此事，也觉不妥，便说："那算了吧，我就不去了。"

乐正克正与孟子一起等待着鲁平公的到来。眼看晌午已过，迟迟未见鲁平公一行。又过了一会儿，才有人匆匆前来告知，鲁平公一行因故无法前来。乐正克一听，脸都绿了，这下他可里外都不是人了。乐正克扭头看了看老师，孟子还在那里依礼恭恭敬敬地等待着。

乐正克非常愧疚地到孟子面前，难为情地说："先生，鲁君因故无法前来，我前去看看情况。"

孟子听后，面色未改，这么多年了，孟子什么样的场面都见过。他点头同意，乐正克迅速前去面君。

乐正克一脸不高兴地问道："大王，您为何食言，不是说好了去见子舆先生吗？"

鲁平公直言不讳："有人告诉我，说他操办母亲丧事规模超过了他父亲的丧事规模，我觉得这违背了礼制，所以就不去了。"

乐正克这才明白怎么回事了，他立刻反问道："大王，您说的超过是什么意思呢？是之前用的是士人之礼，后来又用了大夫之礼呢？还是之前是用了三个鼎，后来又用了五个鼎呢？"

鲁平公说："不是的，据我了解，是棺椁衣服更加华丽，排场更大了一些。"

乐正克一字一句地说："这不是超过，更不是僭越，只是子舆先生前后贫富的差别罢了。"乐正克说完，无奈地摇摇头。

乐正克得知情况后，立刻前往跟孟子解释："先生，我本来和鲁君已经说好了要来见您，不过后来有个叫臧仓的小人，胡言乱语蛊惑了鲁君，所以君主没有来。"

孟子听后，也明白是怎么回事了，他安慰乐正克："不要懊恼，这是天意。鲁君来与不来，不是某个人所能决定的。臧仓怎能真正阻止我和鲁君相见呢？"

四

孟子葬母这件事的确对他的声誉造成了一定的影响，甚至他的部分弟子也对他的做法有些不理解。

孟子守孝结束后，又返回齐国，路上到了齐国的嬴邑休息。一直负责孟母丧事具体事宜的弟子充虞就问孟子："先生，先前一些日子您不嫌弃我能力有限，委派我主持具体丧事的操办，事出突然，时间紧迫，先生当时心力交瘁，我也不敢向先生请教，先生怎么说我就怎么做。不过，现在我想冒昧地问一下先生，棺椁、衣服是不是有些太过华美了？"

孟子想了想，觉得有必要给所有的弟子一个解释。孟子深知对此事有疑问的肯定不止充虞一个人。于是孟子喊弟子们过来，非常严肃地解释道："上古时期，对于棺椁的厚度没有什么具体的规定，中古时期，棺椁均厚七寸，上到天子、下至平民都是如此。当然这不仅仅是为了美观，而是只有如此才能够让人尽孝心。被礼制限制，不能用好的棺椁埋葬双亲，孝子肯定不会称心；没有财力，无法用好的棺椁埋葬双亲，孝子更不会如意。"

孟子稍微顿了下，喝了口水。充虞问道："先生，很多人都认为先生此时丧事的办理不符合礼制，先生能继续解释下吗？"

孟子看了看弟子们，接着讲道："在礼制的范围内，在财力所能允许的情况下，古人都会选择用华美的棺椁来尽孝心，为什么偏偏到我这里就不被允许了呢？被多次质疑了呢？况且用了更厚、不容易腐烂的棺椁还可以保护尸体更长时间不被泥土所沾染。这对任何一个孝子来说，如此做难道不是更好吗？再说，君子哪里会因为爱惜自己的财物而在父母丧事上节省呢？"

孟子讲完后，舒了一口气。母亲的离去让孟子感到非常愧疚，唯有在丧事上对母亲多尽孝心，可是引来了如此多的争议，这是他万万没想到的，可见孟子此时声名之广，他的一举一动都关乎世人对"礼"的思考。

齐国伐燕

一

公元前316年，发生了一件大事，令天下震惊不已。北方的燕国本来在大国格局中地位并不显著，算是七个大国中最弱小的一个，却在此时制造了巨大的政治话题。

当时燕国是燕王哙在位，他非常迷信古代的禅让之制。在苏代和鹿毛寿等人的怂恿下，燕王哙推行禅让制，将燕国让给自己的国相子之，并将三百石以上的官员全部由子之重新任命。燕王哙天真地认为自己将国家让给贤能之人，就可以带领燕国走向强大。燕王哙根本没有想到，如此大规模的政治洗牌会引发巨大的社会动荡，以燕太子平为首的旧贵族激烈反对。子之与燕太子平相互攻伐，民众陷入战火之中。

公元前315年，齐国看到燕国内乱，厉兵秣马，虎视眈眈，准备派兵攻取燕国。齐国大臣沈同就此事以私人的名义去打探孟子的口风，他问道："先生，可以讨伐燕国吗？"

孟子回答："可以啊。燕王哙怎么可以把燕国让给别人呢？子之又怎么可以从燕王哙那里接受燕国呢？他们完全没有征求民众的意见啊。举个例子，假如有一个人，你对他有好感，认同他的才能，你不向齐王禀报就私自把你自己的爵位和俸禄都转让给他，那个人也没有经过齐王的认可，就从你这里接受了爵位和俸禄，你觉得这样合适吗？"

沈同回答："这当然不合适了。"

孟子接着说："那先生想想，从本质上来讲，这和燕王哙私自将国家让给子之又有什么不同呢？燕国不是燕王的私人财产，而是燕国人的燕国，燕王没有经过燕国人的同意就把国家让给了子之，导致燕国大乱，民众遭受苦难，这是非常愚蠢的行为，当然应该讨伐燕国。"

沈同点点头，表示赞同。但是孟子根本不知道，沈同的潜台词是齐国该不该讨伐燕国。

二

很快，齐国军队就开到了燕国。由于燕国内乱，很快就被齐国攻取。齐国在燕国烧杀抢掠，胡作非为。这时，天下都传开了，都认为孟子竟然怂恿齐国去攻打燕国，这根本不是儒者所为。

这时，有人当面质疑孟子："先生，儒者都反对天下兴兵，您却鼓动齐国去攻伐燕国，真有这回事吗？"

孟子当然冤枉，正不知给谁解释呢。他忙说道："你们误会我了。根本没有这回事。沈同的确问过我这件事，他问我：'燕国可以讨伐吗？'我回答：'可以。'他们就去攻伐燕国了。"

"先生这不是支持齐国攻伐燕国吗？"那人问道。

孟子连说："天下人都误会我了。沈同根本没问我谁可以去攻伐燕国，如果问我的话，我肯定会回答：'奉天子召令之人才有资格去讨伐。'我并没有说齐国可以讨伐。"

那人点点头说："哦，先生说得对，好像是这么回事，沈同是断章取义啊。"

孟子接着解释："这就比如说有一个杀人犯，如果有人问我：'这人该杀吗？'我肯定回答：'当然该杀。'他如果继续问我：'谁有资格去杀他呢？'我肯定会回答：'只有主管禁令、狱讼、刑罚的官员才可以去杀他。'如今，一个和燕国一样的无道之国却想要以正义之师的名义去讨伐燕国，我怎么可能去鼓动它兴兵呢？"

孟子解释是解释清楚了，但是他以一个无道之国来评价齐国似乎对齐国非常不利。齐国上下也对此非常不满。

三

齐国攻入燕国后，面临如何善后的问题，齐宣王就此事询问孟子："先生，现在我们已经打了胜仗，接下来如何处理？百官各种说法，有人劝我赶紧从燕国撤军，有人劝我趁机兼并燕国。以一个万乘之国攻取另外一个万乘之国，仅仅五十天就拿下了，这可不是仅仅凭借人力就能取得的成就，其中必有天意。如果不遵从天意兼并燕国，万一老天降灾怎么办？如果吞并燕国，需要注意哪些问题呢？寡人想听听先生的意见。"

孟子本着民本思想回答道："大王，如果兼并燕国，燕国民众非常高兴，那就兼并，历史上也有这样的情况，比如说周武王；如果兼并燕国，燕国民众不愿意，那就千万不要兼并，历史上也有这样的情况，比如说周文王，三分天下有其二，仍然能够恭恭敬敬地服侍殷商。以万乘之国攻伐万乘之国，被攻伐一方的民众用竹筐装着饭食、用壶盛着美酒前来迎接王者之师，这还有其他原因吗？民众不过是想逃离那种水深火热的日子罢了。大王应当充分尊重燕国民众的意愿。"

齐宣王最终还是决定兼并燕国。事实上，孟子还不知道，齐国攻下燕国后，烧杀抢掠，无恶不作，燕国民众陷入了更大灾难。燕国民众奋起反抗，对齐国充满着敌意。齐国贸然出兵吞并了燕国，也打破了当时天下局势的均衡，天下诸侯开始准备联合起来讨伐齐国。齐宣王进退两难，局势立刻发生反转，齐国处于非常不利的境地。

齐宣王再一次找到孟子，询问道："先生，之前没有听从先生的意见，也对燕国的民意做出了错误的判断。现在燕国反对寡人，天下诸侯已经准备联手来攻打寡人了，我们该如何应对呢？"

孟子说道："大王不必惊慌。首先，燕国国君的错误决策导致燕国政局动荡，国家陷入混乱，民众生活困苦。大王率领大军前去讨伐，燕国民众还以为大王是来救他们于水深火热之中的，所以箪食壶浆来迎接大王的军队。结果呢？齐军入城后，军纪涣散，烧杀抢掠，杀了他们的父兄，关押了他们的子弟，肆意捣毁他们的宗庙，抢走了他们国家的重要器物，这和强盗有什么区别？燕国民众当然大失所望了，反抗齐国就在所难免了。况且，天下大国形成均势，本来就担心齐国过于强大，时时提防。如今大王占领了燕国，却没有迅速实行仁政，这是给了各国联合出兵攻打齐国的借口啊。"

齐宣王已经非常慌张了，他深知事关重大。只见齐宣王擦了擦额头渗出的冷汗，忙问："先生说得对，我们现在还有什么补救的措施吗？"

孟子说："大王，不要着急。请大王立刻下达命令，赶快放回被关押的老人和孩子，禁止军队搬运燕国的国之重器和金银珠宝，同时主动与燕国民众商量，根据民意，选举出一位燕国国君。而大王的军队应迅速撤军，这样还有可能阻止其他诸侯国的出兵。"

齐宣王最终还是没有听从孟子的建议，结果以赵国为首的诸侯联军大败齐军，迫使齐军退出燕国。齐国讨伐燕国这场闹剧以齐国的失败结束。而严重的后果不止于此，燕、齐两国结下了深仇大恨，后来燕昭王决意复仇，促成五国伐齐，也是因此而起，那时齐国几近亡国。

四

齐宣王在政治、军事决策上出现了如此大的

失误，从长远来看，这是影响齐国国运的一次抉择。面对如此境况，齐宣王非常失落，也不好意思见孟子，说道："我没有听从孟子的建议，非常惭愧啊。"

这时，齐国大夫陈贾并未引导齐宣王检讨决策中出现的失误，总结教训，以及讨论如何规避再犯类似的错误。他反而为齐宣王开脱，竟然大言不惭地以圣人之事为齐宣王掩盖。只见他媚态十足地说道："大王，您不必太过难过。大王您认为自己与周公相比，谁更加仁爱，谁更加智慧呢？"

齐宣王当然还有自知之明，一听这话，连忙打住："哎，你这说的是什么话呢？我怎能与周公相比？"

陈贾说道："周开国之初，为了监督殷人，周公派自己的哥哥管叔前去监视殷人的一举一动，结果最终管叔竟然发动叛乱，带着殷人反戈一击，攻打周人，导致了周初非常严峻的政治局面。如果当初周公知道管叔反叛还去任命，那就是不仁；如果不知道他会反叛而任命他，这是他识人不准，是他没有智慧。仁慈和智慧，连周公这样的圣人都做不到，何况是大王呢？犯错误是在所难免的。大王请让我去拜见孟子，亲自向他解释一下吧。"

陈贾见到孟子，并未直接说明来意，而是试图将孟子往他想要的答案上去引导。他问道："子舆先生，您觉得周公是一个怎样的人呢？"

孟子不知陈贾此次来意如何，只能非常谨慎地回答："古代的大圣人。"

陈贾又问："周公派管叔去监视武庚和殷人，管叔最后却伙同武庚一起叛乱，有这回事吗？"

孟子说："有。"

陈贾接着问："周公知道管叔会反叛吗？"

孟子回答："当然不知道了。"

陈贾有点得意地说："子舆先生，在您看来，周公也一定有过错了。"

孟子此时才明白陈贾绕了这么大一个弯子的目的，他非常不客气地说："周公是弟弟，管叔是哥哥，他们是亲兄弟，所以周公识人不明的过错还是情有可原的。况且，古之君子，有错就改；今之君子，有错不改，还一错到底。古之君子，他犯了错，就像日食月食一样，天下民众都能看到，一旦他改正了，天下民众也都能看在眼中。今之君主，不但固执己见，一错到底，还要给自己找很多借口。"

　　孟子的回答让陈贾碰了一鼻子灰。

落叶归根

一

在齐国攻打燕国前后，孟子先后多次适时地提出各种建议，但是齐宣王自始至终没有采纳。公元前312年，孟子心灰意冷，去意已决。

齐宣王得知此事后，还是尽力挽留孟子。齐宣王派遣与孟子交情较好、在稷下学宫德高望重的淳于髡前来挽留孟子。淳于髡了解孟子的个性，他并没有直接说明来意，而是和孟子打了个哑谜，借此劝说孟子。

淳于髡问道："子舆先生，男女授受不亲，身体不能接触，这是礼的规定吧？"

孟子回答："当然。"

淳于髡狡黠地笑着说："那么，假如嫂子不慎掉到水池中，眼看就要被淹死，弟弟能伸手去援救她吗？"

孟子回答："嫂子掉到水中，弟弟不去救她，那是豺狼禽兽的行为。男女授受不亲，这是礼的规定，要坚守；但是嫂子掉到水里，有生命危险，要去救援，这是权变，要变通。"

淳于髡此时才亮出他的来意，恭敬地向孟子施礼，说道："先生，现在整个天下都掉进水里了，天下民众人人都有生命危险，那先生不想着去救援，却要逃避，我想问问这是为什么呢？"

孟子这才恍然大悟，淳于髡是来劝留自己的。孟子恭敬回礼，说道："先生，天下掉到水里了，这需要用大道去援救，需要德君行道；而嫂子掉到水里，只是我自己用手去救援。而现在先生真地认为一个人、一双手就能救援天下吗？难道先生没看到这已经是徒劳了吗？"

淳于髡默然，深知孟子去意已决。淳于髡心里也非常明白，天下大势，并非自己和孟子这样胸有大志的士人可以改变的。不过人各有志，各有选择，他尊重孟子的选择。

二

淳于髡未能挽留住孟子，齐宣王最终决定亲自前来挽留。

齐宣王一行来到孟子的住所，看到孟子和弟子们正在忙乱地收拾行李。突然，弟子充虞一抬头，看见了齐宣王，脱口而出："大王！"

孟子和弟子们这才回过神，慌忙将齐宣王迎到正堂。孟子恭敬行礼，拜谢齐宣王。齐宣王挥挥手，说道："先生啊，以前只是听闻先生大名而没有机会见到您；后来先生来齐，终于能够和先生朝夕相处，共商国是，这样的日子我感到非常愉快，和先生谈话总能赤诚相待，寡人也是受益颇多；现在先生又要丢下寡人离开，寡人非常不舍，不知以后我们还有相见的机会没有？"

孟子心想："虽然齐宣王由于种种原因没有采纳自己的建议，没有重用自己，没有推行仁政方略，但是就个人交情来说，的确相处不错，齐宣王待自己也非常好。"孟子上前一步，真诚地说："大王，这个我不敢奢求，但是内心还是非常希望能在日后见到大王。"

话说到这里，齐宣王、孟子和弟子们都稍有些伤感。齐宣王从孟子的语气也听出孟子并没有留下的意思，所以此时也不做勉强。

又过了几天，齐宣王还是不死心，还是希望努力挽留孟子。齐宣王召见大夫时子，并对他说："寡人想在临淄城中修建一栋房子送给孟子，用万钟俸禄去养他的弟子们，给他们最好的待遇，他们可以在这里讲学论道。我想在齐国树立一个让各位大夫和国人能够效法的道德君子榜样。你要不再替我去说说，征求下孟子的意见。"

时子与孟子并不熟悉，于是他辗转找到孟子的弟子陈臻，托付陈臻将齐宣王的想法告诉孟子。陈臻立刻前往拜见先生，将齐宣王对时子所说的话原原本本地告诉了孟子。

孟子听后，摇摇头说道："哎，时子哪里知道这件事情是万万不可的呢？我如果是追求富贵的人，哪会辞去十万钟俸禄的官职而接受区区万钟俸禄的赏赐呢？这难道是追求富贵的做法吗？"

孟子感叹，这么多年来与齐宣王的相处，虽然齐宣王对他颇多尊重，在物质上也非常阔绰，但孟子明白，他们的理念终究相去甚远。孟子心中的宏愿、于富贵如浮云的态度，齐宣王可能真的难以理解。

三

孟子望着自己的馆舍，有些恋恋不舍，那些物件与他朝夕相处，竟也有了感情。孟子叹了口气，深知自己的政治宏图难以实现，还不如退而求其次，与弟子论道，传播儒学。

经过几天的路程，孟子一行在齐国的昼邑歇脚。此时齐国人都知道齐宣王非常希望孟子留下来，所以谁都知道若能为齐王劝留孟子，必定是大功一件，于是有人前来拜见孟子。孟子得知其来意后，就不说话了。旅途劳顿的孟子眼睛闭着，靠着几案休息，来人看着孟子的态度，非常不高兴，冷冷地说道："我提前一天就沐浴斋戒，就是为了来见先生，先生却如此态度，恕我以后再也不敢来拜见先生了。"

孟子听到这里，起身说道："先生，您请坐，那我告诉您原因。我来齐国并不是为了俸禄爵位，而是想协助齐王治理天下、推行仁政的。我劝谏那么多次，齐王又听过几次呢？如今你不去劝齐王改变态度，却来一味地挽留我。先生觉得我会留下来吗？恐怕主次搞混了吧。你想想，是你跟我这个长辈绝交呢？还是我这个长辈和你绝交呢？"

来人面红耳赤，瞠目结舌，无奈之下只得告退。

孟子虽然多次回绝了齐王的挽留，但是他仍然抱有那么一丝丝的幻想，他幻想齐宣王能够回心转意，推行仁政，称王天下，救天下百姓于战争的水深火热之中。孟子与弟子在昼邑待了整整三天，孟子终于还是失望了，无奈离开。

孟子在昼邑苦苦等待齐王三日的消息很快就传开了。这时候齐国有个名为尹士的人就大肆宣扬："如果不明白齐王根本不可能成为商汤、周武王那样的圣君，就贸然前来，这是不明智的表现；如果知道齐王不可能成为圣王还偏偏执意要来，就肯定是为了功名利禄，求得富贵。不远千里前来拜见齐王，意见不合又离开，竟然还在昼邑住了三天才走，为什么要这样磨磨蹭蹭呢？看来他也是名不副实。"

很快，尹士对孟子的评价传到了孟子那里。

孟子说道："尹士哪里了解我呀，他不过是自己的无端猜测而已。我不远千里前来拜见齐王，那是我自己前来；可是齐王和我的政治思想差异太大，没有共识而离开，难道我是真地愿意走吗？我是真地不得已而为之啊。我在昼邑住了整整三天，谁知道那三天我是怎么过的呢？直到三天过去了，齐王并没有派人召回我，等到我离开了昼邑，齐王也没有派人来追我，我这才最终决定离开的。我虽然离开了，但是我真地愿意就这样抛弃齐王吗？我相信齐王能够认真听我讲述仁政，怀有不忍之心，他一定可以行善政的。如果齐王能够充分信任我、任用我，我不仅会让齐国百姓得到太平，过上安定的日子，而且我还能让全天下的百姓都得到太平安定，实现齐王和我平定天下的共同愿望。我离开后时时刻刻都想着齐王能够改变主意。我难道是那种目光短浅之人吗？向国君进谏，君主不接受，立刻脸上就挂着不满的神态，气呼呼地离开，非要走得筋疲力尽才肯停下来休息一会儿，我至于这样吗？”

尹士辗转听到了孟子的解释，才知自己以鄙俗不堪的心理去揣摩孟子的心思，不断地自言自语："我真是一个小人啊，孟子才是这个时代真正的贤人。"

四

孟子离开齐国后，一路上心情并不好。空有一番济世之志，却无用武之地。弟子充虞看到孟子一路上闷闷不乐的样子，于是就发问："先生，我看着您一路上都有些不愉快。可是，我以前听先生给我们讲过圣人的话：'君子不怨天，不尤人。'那您不是也应以此为目标吗？"

孟子回答道："彼一时，此一时。从历史大势来看，每隔五百年就一定有圣王出现，同时还会有德高望重的贤者来辅佐他。我们算算从周朝开始，现在已经过去七百多年了。从命数上来讲，早已经超时了；从形势上来看，也应该有圣贤出现了。老天大概不想让天下太平吧！如果想让天下太平，当今之世，能够治理天下之人，除了我还有谁呢？就此而论，那我为什么不愉快呢？"

孟子一行终于离开了齐国。一天，孟子一行在距家不过百里的休邑停留。公孙丑对孟子不接受齐王的俸禄感到困惑，于是他问道："先生，出仕做官却不接受俸禄，这合乎古代的礼仪规制吗？"

孟子回答："当然不符合。"

公孙丑接着问："那先生为什么要这么做呢？"

孟子回答："在崇邑的时候，我见到了齐王，退朝后我就有了离开齐国的想法。心想齐王若是没有改变，我肯定就必走无疑了，因此就不接受俸禄。不久，齐国和燕国开战，在此危急之际，我也不便离开。所以说，后来虽长时间待在齐国，但从我心里来讲，已经不是在齐国做官了，而且事出突然，也并非我的意愿。"

公孙丑这才明白孟子的想法，也对先生不为稻粱谋的出仕初衷由衷地佩服。

传道、授业、解惑、著述二十年

一

　　所谓近乡情更怯。距离家乡越来越近，周围的环境也越来越熟悉了，孟子的眼眶逐渐湿润起来。弟子们也不轻易打扰孟子。孟子看着周围的一草一木，经过小时候上学的学宫，回想起母亲的谆谆教诲、言传身教。这里有他儿时的梦想，有和母亲共同的记忆，每次当他人生失意之时，这里是他最安静的港湾，每每母亲的安慰与鼓励都让他鼓起勇气，再次出发，去追求自己的理想。时光荏苒，转眼间孟子已是一个身心俱疲的老人。孟子在外奔波二十多年，尽力了，想回家了。

孟子想在这里与弟子们一起，教习儒学经典，传播儒家主张。孟子也希望自己的主张被后人熟知，他坚信，自己只不过是生不逢时，他的思想一定可以为后世的天下贡献力量。孟子与弟子万章、公孙丑等人一起，编订《孟子》一书。

传道、授业、解惑、著述成为孟子最后二十年的主要活动。日子不再那么热闹喧嚣了，孟子和弟子们的日子过得安静而充实。

二

孟子此时所处的时代，纵横之策士辗转奔跑于天下，公孙衍、张仪才是这个时代的弄潮儿，孟子的弟子景春羡慕至极。

一日，风和日丽，孟子的弟子们就什么是顶天立地的大丈夫展开了讨论。大家争得不可开交，互不相让，孟子在一旁静静地观察着弟子们。

景春上前问道："先生，公孙衍和张仪这些人难道真的不是大丈夫吗？他们一发怒，天下诸侯就惊恐不安；他们安静下来，天下就太平。"

看着弟子们争得面红耳赤，孟子早已有了答案。孟子正襟危坐，看着弟子们都围了上来，他说道："公孙衍、张仪这些人怎么能算是大丈夫呢？你难道没有学过礼仪吗？男子在20岁的时候举行冠礼，以示成年。举行冠礼的时候，父亲肯定会叮嘱他很多事情；女子出嫁的时候，母亲送到门口，再三叮咛：'到了夫家，一定要恭恭敬敬，谨慎做事。'所以说啊，人处于世都有自己的原则。公孙衍、张仪丝毫不坚持原则，为了取得功名利禄，只是一味迎合顺从，这怎么能称为大丈夫呢？"

弟子们纷纷赞同孟子的说法，只有景春不同意，他追问道："先生，那什么样的人才能算是大丈夫呢？"

孟子提高了音调："住在天下最广阔的宅子中，站在天下最正确的地方，走在天下最光明的道路上。如果能够实现自己的理想，那就与民众一起前进；如果不能实现理想，那就坚持操守，独自行道。富贵无法引诱，贫贱不能改变，威武不会屈服，这样的人才真正配得上大丈夫之称。"

弟子们听得热血沸腾，只有景春还在追问：

"先生，什么是最广阔的宅子？哪里是最正确的地方？什么样的道路最光明？"

孟子解释道："'仁'是天下最广阔的宅子，'礼'是天下最正确的地方，'义'是天下最光明的道路。"

景春听完，深以为然。

三

人性到底是善还是恶？还是无善无恶？公都子对此非常困扰。公都子当然知道孟子主张性善，但是原因是什么？公都子非常想听听老师的解释。

一日，孟子和公都子外出，两人踱着步，看着周围郁郁葱葱的林木，孟子心情大好。公都子问道："先生，人性的问题困扰我很久了。现在社会上各种说法都有，告子就认为人性没有所谓的善与不善，先生肯定知道。还有一些人认为，人性可以为善，也可以为不善，还举例子说文王、武王这种圣君在位的时候，民众就善良，周幽王、周厉王这种暴君在位的时候，民众就喜欢干坏事。还有人认为有的人天生性善，有的人天生不善，也举例子说尧这样的圣王在位的时候，还有象这样的不善之辈，瞽叟这样的坏人却能生出舜这样的好儿子，有商纣这样的侄子，却又有微子启、比干这样的叔父。先生坚持认为'性善'，那他们说的都是错的吗？"

孟子已经听出来，公都子显然对他的性善说还是不了解，需要细细道来。

"只要人能够表现出具体的善行，就是我说的人性善。至于那些表现出种种不善的状况，那不是人性的问题了。恻隐之心，人人都有；羞恶之心，人人都有；恭敬之心，人人都有；是非之心，人人都有。恻隐之心就是仁的端芽，羞恶之心就是义的端芽，恭敬之心就是礼的端芽，是非之心就是智的端芽。这四心都是我们自己生而有之的，不过我们难以自觉罢了，所以我们追求就会得到，舍弃就会丢失。在这个世界上，人与人的差距有天壤之别，就是因为这'四心'是否充分实现的差距。"

公都子还是觉得有些抽象，接着问道："什么是恻隐之心呢？先生能够再多讲讲吗？"

孟子说："恻隐之心呢，就是同情怜悯之心，也就是不忍心他人遭受苦痛的心。"

公都子说："能讲个具体的例子吗？"

孟子说："当然！我们设想一个场景，假如正常的人突然看到一个孩子就要掉到井里去了，就会产生恻隐和惊惧之心。这个人并不是想要与孩子的父母结交，也不是想要在乡里邀得名誉，更不是厌恶孩子恐惧的尖叫声，因为事出突然，根本没有产生其他念头的时间，这是正常人最正常的反应，如果没有这种反应，那还算是人吗？"

公都子点点头，他当然同意孟子讲的这一点。

孟子接着说："我们拥有四心，拥有仁、义、礼、智的端芽，就像我们身体有四肢一样。拥有端芽，却自认为不能扩充使其成长的人，那一定是自暴自弃的人，如果还认为国君不能扩充，那一定是蛊惑国君的人。所以，我们一定要扩充我们的四端，就像火苗刚刚燃烧，星星之火一定可以燎原，泉水刚刚涌出地面，一定会形成滚滚大河，一棵小树苗终究会长成参天大树的。"

公都子又问："什么样的人算是自暴自弃的人？"

孟子说道："自暴，就是自己作践、糟蹋自己，言语中处处诋毁礼义；自弃就是自我放弃，行为中根本无法坚守仁义，这些人我们真地没法跟他们说什么，也无法一起做事。想想，仁是君子最安稳的住宅，义是天下最光明的道路，空着安稳的大宅子不住，放着最光明的道路不走，这是多么悲哀的一件事啊！"

公都子此刻才真正理解孟子为什么坚持性善了，更是对老师佩服得五体投地。

四

一天，公孙丑和孟子在一起。公孙丑突然脑洞大开。

他问道："先生，您擅长什么呢？"

孟子答道："我善养浩然之气。"

公孙丑问道："先生，什么是浩然之气呢？我以前没听您讲过。"

孟子说："浩然之气，这个很难理解，我还是试着讲讲吧。这种气，是天下最伟大、最刚强的，需要用道义去培养，它若没有受到伤害，就会充塞天地间，顶天立地，否则就会疲软无力。这种气是由自身内在的道义培养的，不是借由外物取得的。人只要做了一件愧对内心的事情，这种气就会无力。对于浩然之气的培养，不能太有目的性，但不能停止，也不要心急去揠苗助长。"

　　"揠苗助长，先生此话何意？"

　　"有个宋国人，天天去看自家的禾苗，总觉得自家的禾苗长得慢。于是他就到田间把自家的禾苗一个个拔高，晚上回家对家人说：'今天可把我累坏了，我帮助咱家的禾苗长了一大截。'他的儿子急急忙忙跑到田里一看，禾苗已经蔫了，有些已经枯死了。所以培养浩然之气，很多人觉得无益就将其抛之脑后，就像不给禾苗除草松土一样，禾苗肯定长不好；但是也有盲目心急的人，错误地拔高，非但没有好处，反而会产生更坏的效果。"

五

又一日，孟子正在屋里静坐，在公孙丑的主持下，弟子们正在屋外讨论问题。只听见屋外的音调越来越高，孟子偶尔听到"君"呀、"民"呀一些词语。

突然，门开了，公孙丑急匆匆进屋向孟子行礼。

孟子回礼，问道："外面讨论什么呢？这么激烈。"

公孙丑答道："先生，弟子们在讨论君主、百姓和国家哪个更为根本，争执不下，我们想请先生讲讲。"

孟子问道："那你认为哪个更为根本呢？"

公孙丑不假思索地回答："当然是民众了。"

孟子会心地笑了，公孙丑这么多年来跟随自己，果然还是不同。

孟子来到屋外。弟子们恭恭敬敬地向孟子施礼，孟子还礼。

孟子开门见山："诸位，既然大家对这个问题有争论，我还需要给大家好好讲一讲。任何时候，民众都是最重要的，其次是国家，国君在一个国家中分量是最轻的。"

孟子讲完，刚刚入门的一些弟子窃窃私语，这与他们接受的常识以及当下的现实好像有出入啊。公孙丑示意大家不要说话。

孟子接着说："刚入门的弟子可能觉得有些诧异，是不是觉得我故弄玄虚呀？当然不是，你们想想，如果一个人能够得到全天下民众拥护，那么他就能成为天子，那得到天子的信任就能成为一方诸侯，得到诸侯的信任那就可以成为大夫。所以说民众才是最根本的。如果诸侯危及国家，那肯定要废立诸侯了。如果祭祀所用的牺牲又肥又壮，祭祀用的祭品也一尘不染，祭祀严格按时进行，那么仍然还有水旱灾害，那就要重新改立祭祀的社稷之神了。"

孟子单刀直入地亮出自己的想法，但是仍有一些弟子在窃窃私语。一旁的公孙丑知道还有一些弟子仍未完全理解，于是上前说道："先生，您是否可以再多讲一些呢？"

孟子也发现了这个问题，于是他决定借用历史来说明："诸位不要急。想想桀、纣这样的暴君为什么最后会失去天下呢？那是他们失去了天下的民众，失去了天下的民心啊。获得天下最符合道义的方法就是获得天下民众的支持，赢得民心。那怎样才能赢得民心呢？最简单的办法就是，民众喜欢的，就帮他们聚集起来，民众深恶痛绝的，那就千万不要强加给他们。这样的话，民众归服，就像水往低处流、鸟兽在旷野中奔跑一样自然。为水赶来鱼儿的是水獭，为树林赶来鸟儿的是鹰、鹯这样的猛禽，为商汤、武王赶来民众的是夏桀和商纣这样的暴君啊。所以说，如果有君主爱好仁义，那么百姓自会聚集，到那个时候，即使不想称王天下，那也是不可能的。"

孟子讲到这些具体的历史故事，弟子们终于接受了孟子所秉持的立场。弟子齐齐向孟子行礼，孟子还礼。

人生谢幕

　　孟子就这样与弟子一起度过了二十年的时光。期间弟子也是来来去去好多批，无论弟子选择出仕还是求道，孟子从不妄加干涉。

　　当然，万章和公孙丑一直侍奉孟子，与孟子一起编订著作，讨论学问，而《孟子》这部书也编好了。万章和公孙丑为老师的思想和文采所折服，他们相信此书一定会流传万世。

　　一日，万章和公孙丑对编订中的一些问题产生争执。公孙丑更喜欢孟子言谈中简明的四字成语，如不肖子孙、不言而喻、曾经沧海、出尔反尔、出类拔萃、大而化之、大有作为、当务之急、始作俑者、事半功倍、揠苗助长、一曝十寒、以邻为壑、缘木求鱼、浩然之气、舍生取义、来者不拒、弃若敝屣、专心致志、罪不容诛、为仁不富、自暴自弃、自以为是、自怨自艾、罪不容诛、左右逢源、与民同乐、尽力而为、授受不亲、匹夫之勇、若合符节、水深火热、知人论世、岌岌可危，等等。

公孙丑坚持要将其中一些表达加以修改，但是万章坚决不同意。万章认为就应当非常真实地记述老师与他人的对话，不人为乱改，甚至还更青睐孟子一些似乎文句上不那么工整的说法，如"五十步笑百步""拒人千里之外""彼一时，此一时""顺天者存，逆天者亡""生于忧患，死于安乐""得道者多助，失道者寡助""尽信《书》，不如无《书》""民为贵，社稷次之，君为轻""天时不如地利，地利不如人和""老吾老以及人之老，幼吾幼以及人之幼""富贵不能淫，贫贱不能移，威武不能屈，此之谓大丈夫""鱼，我所欲也，熊掌，亦我所欲也。二者不可得兼，舍鱼而取熊掌者也"等等。

孟子笑盈盈地看着两个弟子争执不休，心满意足。当然，这事还得孟子亲自来定夺。孟子喜欢自然而然，不喜欢刻意做作，所以更赞同万章的意见。

公元前289年，这年孟子已经八十四岁了。生逢乱世，如此高龄也是非常难得。除去年少懵懂那些年，孟子看到了太多的世事变迁，马陵之战、河西之战、襄陵之战、燕国禅让、齐宣王伐燕，等等。

这年冬天，窗外白雪茫茫，天气寒冷使人行动不便，孟子已经很多天没有出去了。此刻，孟子突然想起了自己的母亲。母亲也是在一个冬天永远离开了他，让孟子成了这个世界的孤儿。

孟子对自己的身体状况还是很清楚的，深知自己大限已至，他叫来公孙丑和万章向他们交代后事。公孙丑和万章早已泣不成声，孟子安慰道："你们就不要太过悲伤了。人生在世，死生有命。你们两个能够陪我度过余生，令我十分感动。我只希望你们能够传授《诗经》《尚书》这些经典，向天下人宣扬我们儒者的基本态度，我相信这个世界是有道义的，仁政也一定会实现的。"

孟子在八十余岁时离开人世，然而他的思想永存。

公孙丑和万章齐齐说道："先生，我们记下来了，请您放心。"

孟子看着这两个弟子，非常欣慰，相信他的思想主张会一直传下去。

当晚，那个高呼仁政的孟子永远地离开了这个世界，一个思想巨匠带着一些遗憾离去了。

●◎周烈王四年（前372）

约在此时，孟子在邹国出生。

●◎周烈王七年（前369）

孟子的父亲孟激去世，孟母独自抚养年幼的孟子。

●◎周显王三十七年（前332）

已经年过四十的孟子第一次出仕。孟子在自己的祖国邹国
与邹穆公相见，在这次谈话中，孟子初次提出了著名的仁
政思想。

●◎周显王四十年（前329）

孟子第一次来到齐国。孟子见到齐威王，在向齐威王讲述他的仁政时，说出了一曝十寒的道理。

●◎周显王四十一年（前328）

孟子在稷下学宫与当时最有学问的告子发生了一场著名论辩。孟子和告子讨论了有关人性、仁义、食色的问题。孟子声名鹊起。

●◎周显王四十二年（前327）

孟子来到宋国，在与宋王偃相见之前，弟子万章提出质疑。万章认为宋国国土面积狭小，处干四战之地，如果实行仁政，必然会导致大国的敌视。为了打消万章的顾虑，孟子给万章细细讲述了商汤和周武王的历史。孟子坚信仁政一定能够实现，可惜，宋王偃根本没有推行仁政的打算。

●◎周显王四十三年（前326）

孟子在宋国遇到了滕国的世子姬宏，也就是后来的滕文公。

滕文公是战国时期唯一认同，并愿意实施孟子仁政的君主。

●◎周显王四十五年（前324）

滕文公即位，孟子协助滕文公稳定政局。

●◎周显王四十七年（前322）

齐国田婴在薛地筑城，对小小的滕国的国家安全构成了重大威胁，孟子无法应对，只能落寞离开滕国。

●◎周慎靓王元年（前320）

孟子到达魏国，想要在大国实现仁政理想。孟子游说梁惠王，反对他谈利，只讲自己的仁义。然而，梁惠王始终犹豫不决。

●◎周慎靓王三年（前318）

梁襄王即位，孟子在魏国推行仁政的梦碎。孟子又到齐国游说齐宣王，齐宣王非常尊重孟子，给予了孟子非常高的政治待遇。可惜，仅此而已。

●◎周慎靓王六年（前315）

孟母去世，孟子回国为母亲守丧。守丧结束后，孟子又返回齐国。齐国攻伐燕国，孟子多次规劝齐宣王。

●◎周赧王三年（前312）

孟子终于明白齐宣王不可能推行仁政，他也不愿意尸位素餐，毅然决定与弟子一行离开齐国。

●◎周赧王四年（前311）

六十多岁的孟子终于明白自己的仁政理想不可能在当时的社会中实现。孟子决定落叶归根，回到邹国，开始讲学著述。

●◎周赧王二十六年（前289）

八十多岁的孟子约在此时离开了人世。